I0459384

El milagro

de

Mercy

Una muestra de la eterna
misericordia deDios

Andrés Solís

Derechos de autor © Andrés Solís 2025

Todos los derechos reservados

Ninguna parte de esta publicación puede ser reproducida, distribuida o transmitida en ninguna forma ni por ningún medio, ya sea fotocopiado, grabación u otros métodos electrónicos o mecánicos, sin el permiso previo y por escrito del autor, excepto en el caso de citas breves incluidas en reseñas críticas y ciertos otros usos no comerciales permitidos por la ley de derechos de autor. Para solicitar permisos, comuníquese con el autor.

Dedicación

Este escrito es en honor a la gloria de Dios y a su infinita misericordia. Lo dedico a mi amada esposa, Ileana, por sus cuidados llenos de amor hacia Mercy y nuestra pequeña familia.

A mis hijos, Andy y Danny, quienes son la razón de mi vida, y a todos aquellos que, de una u otra manera, nos ayudaron y acompañaron en nuestro camino para alcanzar misericordia.

Sobre el Autor

Andrés Solís nació en Guatemala, C. A. Él y su familia se mudaron a los Estados Unidos para que su hija Mercy pudiera recibir la operación que necesitaba para salvarle la vida. Los médicos le habían diagnosticado solamente tres meses de vida debido a la severa condición médica con la que nació.

Este libro habla de los desafíos que la familia enfrentó y de los milagros que Mercy recibió para vencer los obstáculos que encontró en su lucha por sobrevivir.

Andrés y su esposa, Ileana, han dedicado su vida al ministerio pastoral, a la consejería y a la asesoría de pastores. **Andrés** es un ministro ordenado y posee un título universitario en Educación y Psicología.

Actualmente, los Solís viven en la ciudad de Winston-Salem, en el estado de Carolina del Norte, junto a sus dos hijos, Danny y Andy, y la esposa de Andy, Brianne.

Prólogo

El milagro del nacimiento y la sanidad de Mercy es una historia de fe, esperanza y evidencia de la intervención divina que marcó la vida de nuestra hija y cambió nuestra vida como familia para siempre. Es imposible describir en detalle todos los eventos de su vida, los diagnósticos médicos y las adversidades que parecían insalvables, desde las complicaciones durante el embarazo hasta los sucesos posteriores a su nacimiento.

La Biblia dice: «Que los redimidos del Señor cuenten su historia» (Salmo 107:2).

Es mi deseo contar algunas de esas experiencias que considero relevantes y cómo, durante una situación desesperada, nuestra familia recurrió a la fe y a la oración, pidiendo a Dios un acto de misericordia.

«Mercy» es una palabra que viene del latín *merced* y significa: «el precio ya fue pagado». Se traduce al español como *misericordia* y es «tener compasión y bondad». El nombre y las experiencias de vida de nuestra hija demuestran el amor y la compasión que Dios muestra cuando sus hijos sufren.

La llegada de Mercy fue el cumplimiento de una promesa y la respuesta a la oración de su madre. Es un recordatorio de que Dios cumple sus promesas y de que, cuando lo imposible sucede, no queda otra cosa más que aferrarse y depositar toda nuestra confianza en el Creador de todo. Los síntomas y enfermedades que los médicos detectaron antes y después del nacimiento hacen que la vida de Mercy sea un milagro.

Hechos 4:14 es un precedente: se puede discutir acerca de doctrina, se puede estar en desacuerdo en teología, pero no se puede contradecir un milagro.

Mi oración es que la historia de Mercy le inspire a creer y fortalezca su fe en el poder transformador de Jesús, y le recuerde que, aun en los momentos más oscuros, siempre hay esperanza cuando se deposita toda nuestra confianza en Dios.

Mercy nació en Quetzaltenango, una ciudad en el altiplano occidental de Guatemala. Conocida también como Xela, tiene como fondo el imponente volcán Santa María y está rodeada de cerros y montañas. Es famosa por ser la segunda ciudad más grande del país.

Desde su llegada al mundo, Mercy enfrenta grandes desafíos. Su vida fue un poderoso ejemplo de lucha, amor incondicional y de una fe inquebrantable. La hidrocefalia con la que fue diagnosticada antes de nacer y, posteriormente, la microcefalia, el labio leporino y el paladar hendido complicaron tanto su salud como su desarrollo.

Para muchos, las dificultades que Mercy y nosotros, como familia, enfrentamos habrían sido simplemente insoportables, incluso casi imposibles de creer. Sin embargo, el milagro de la vida de Mercy se convirtió en un mensaje de fortaleza y propósito. En medio de cada diagnóstico, dolor y confusión, descubrimos una y otra vez el poder sanador de Jesús.

.

Nuestro comienzo

Cuando conocí a Ily, ella participaba en varios concursos de belleza en las escuelas secundarias de la ciudad. Era la chica más bella del pueblo y todavía lo sigue siendo. En nuestra primera cita fuimos a un concierto de la orquesta sinfónica en el Teatro Municipal. Al terminar el evento, quise impresionarla, así que la invité a la cafetería más cara de la ciudad de aquel entonces. Estaba tan encantado por su mirada, con esos lindos ojos color avellana y su cándida sonrisa, que no estoy seguro si el vestido que llevaba ese día era blanco con rayas azules o si podría haber sido un vestido azul con rayas blancas.

Después de salir de la cafetería, nos quedamos afuera charlando un rato más. Fue justo en ese momento cuando escuché la voz del Espíritu Santo hablándole a mi hombre interior: «Ella es la que será tu esposa y la madre de tus hijos».

Durante años había estado orando por mi esposa; cada vez que veía a otros jóvenes casarse, le preguntaba al Señor: «¿Y yo, Señor, para cuándo?». Tres años después de nuestra primera cita, me casé con quien ha llegado a ser mi mejor amiga, mi confidente, mi media naranja, la reina de mi corazón por los últimos cuarenta años.

Como recién casados, nos alegramos muchísimo al saber que estábamos esperando nuestro primer bebé: Andy. Lo nombramos Andrés en honor a su padre y abuelo, y Fausto en honor al abuelo materno. Históricamente, y en diversas culturas, el primogénito tiene un estatus especial y, en el cristianismo, también se le atribuye una misión especial de Dios.

Unos años después nació Danny. Lo llamamos Daniel porque, el día que nació, mientras una enfermera lo alimentaba, la leche se le acumuló en uno de los pulmones y desarrolló neumonía. Lo llevaron de urgencia a la unidad de cuidados intensivos. A la mañana siguiente, los médicos descubrieron que, durante la noche, el catéter conectado a su estómago se había movido y Danny estuvo sangrando toda la noche. La pérdida de sangre fue tanta que necesitó una transfusión urgente.

Mamá no podía donar sangre porque acababa de dar a luz, y yo tampoco pude hacerlo porque mi tipo de sangre era diferente.

Por la mañana, mi hermano Álvaro Haroldo y su esposa, Carmen, vinieron a visitarnos al hospital. Les compartimos lo que le había sucedido a Danny. Ella nos contó que había tenido un sueño: en él, Danny estaba rodeado de leones que intentaban devorarlo. Inmediatamente intercedió y peleó por él en oración. Nos dimos cuenta de que su sueño ocurrió al mismo tiempo que Danny sangraba y luchaba por su vida en la UCI. Por eso lo nombramos

Daniel, porque, al igual que el Daniel de la Biblia, Danny salió victorioso de su encuentro con los leones.

«Él es el Dios vivo y estable para siempre;

su reino es el que no será destruido,

y su dominio perdurará hasta el fin.

Él libera y rescata, y hace señales y maravillas en el cielo y en la tierra,

¿quién libró a Daniel del poder de los leones?» (Daniel 6:27)

Como padres, aferrados a nuestra fe y al amor por nuestros hijos, no nos dejamos vencer por las adversidades de la vida. Con el apoyo de nuestras respectivas familias y la oración constante, buscamos brindarles a nuestros hijos la mejor calidad de vida posible, desde los primeros pasos que dieron de niños hasta ahora, que son adultos exitosos. Ellos son una verdadera bendición de Dios para nosotros.

Una palabra profética y una oración contestada

Noviembre es un mes muy especial para nuestra familia, conocido por el aire fresco que sopla anunciando la llegada del invierno, la caída de las hojas de los árboles que dan la bienvenida a una nueva estación y nos preparan para el fin de año. En general, noviembre es un mes para reflexionar sobre el año que termina; es un mes de cambio y un tiempo para dar gracias. Es en noviembre cuando también celebramos nuestro aniversario de bodas.

Éramos una familia relativamente feliz, bendecida por tener ya a nuestros dos hijos, Andy y Danny.

Era el séptimo día del mes cuando Dios cumplió el deseo de mi esposa Ily de tener una hija. Ily oraba por una niña y, cuando creíamos que el tiempo había llegado, una hermana de la iglesia se acercó a mi esposa para darle una palabra del Señor:

«El Señor dice que cumplirá el deseo de tu corazón de tener una niña, pero aún no es el momento, pues estoy preparando pastos verdes para ella», dice el Señor.

En ese momento no supimos a qué se refería Dios con «Estoy preparando pastos verdes para ella». Ahora, al mirar atrás, lo entendemos claramente.

Hoy queremos compartir que la palabra profética que recibimos aquel día se cumplió. Dios concedió los deseos del corazón de mi esposa, y hemos visto los «pastos verdes» y la fidelidad de nuestro Padre Celestial en cada circunstancia y en cada momento de la vida de nuestra hija.

Los Desafíos de los diagnósticos médicos

La alegría con la que recibimos la noticia de que estábamos esperando una niña duró muy poco; se vio ensombrecida por la inesperada y mala noticia que nos dio el pediatra: ¡el ultrasonido reveló hidrocefalia!

El médico dijo: «Sí, su niña tiene hidrocefalia y necesitamos operarla inmediatamente al nacer; si es posible, antes de su nacimiento».

Esas palabras nos cayeron como un balde de agua helada en una fría mañana de enero.

No sabíamos qué era la hidrocefalia, pero la explicación que nos dio el médico fue como un estruendo que nos estremeció el alma, como un cañonazo de guerra que interrumpe la paz y hace temblar la tierra. Nuestra mente viajó a una velocidad increíble y, en ese momento, pudimos sentir los efectos nocivos de una enfermedad desastrosa que rompía nuestros sueños en mil pedazos.

La hidrocefalia es una condición médica en la que se acumula una cantidad excesiva de líquido cefalorraquídeo (LCR) en el cerebro, lo que provoca que la cabeza del bebé crezca hasta el punto de causar la muerte si no se trata. Cuando los orificios o ventrículos del cerebro están bloqueados, el líquido cefalorraquídeo no irriga la médula espinal ni es absorbido por el sistema sanguíneo, aumentando la cantidad de líquido y elevando la presión intracraneal.

El pronóstico era tan grave que el médico consideró operar de inmediato, incluso aun cuando el bebé estaba todavía en el útero. El procedimiento incluía la colocación de una válvula en la cabeza del bebé para drenar el líquido a través de un tubo hacia otra cavidad del cuerpo. El plan B era operar a la niña inmediatamente al nacer.

Los meses avanzaron y el día del nacimiento finalmente llegó. Muy preocupados y con mucha incertidumbre nos dirigimos al hospital para que naciera nuestra bebé. Las horas transcurrieron y la espera terminó. Ily fue trasladada a la sala de recuperación.

El médico entró al cuarto y traía a nuestra niña en sus brazos. Su semblante era pálido y parecía asustado. Se notaba que estaba preocupado; era evidente su nerviosismo. Nos entregó a la bebé y, con un tono de voz tembloroso y desconcertante, dijo:

«Aquí tienen a su hija, pero tiene otros problemas: nació con labio leporino y paladar hendido».

Ily recibió a la bebé, la tomó en brazos y se volteó hacia el rincón a llorar. Yo me quedé sin palabras. Es uno de esos momentos en los que la noticia te paraliza: sientes que tus piernas y manos son de plomo, tu mente se queda en blanco y no puedes decir ni una sola palabra por el asombro. Te sientes desconcertado al ver cómo tu mundo se derrumba ante tus ojos.

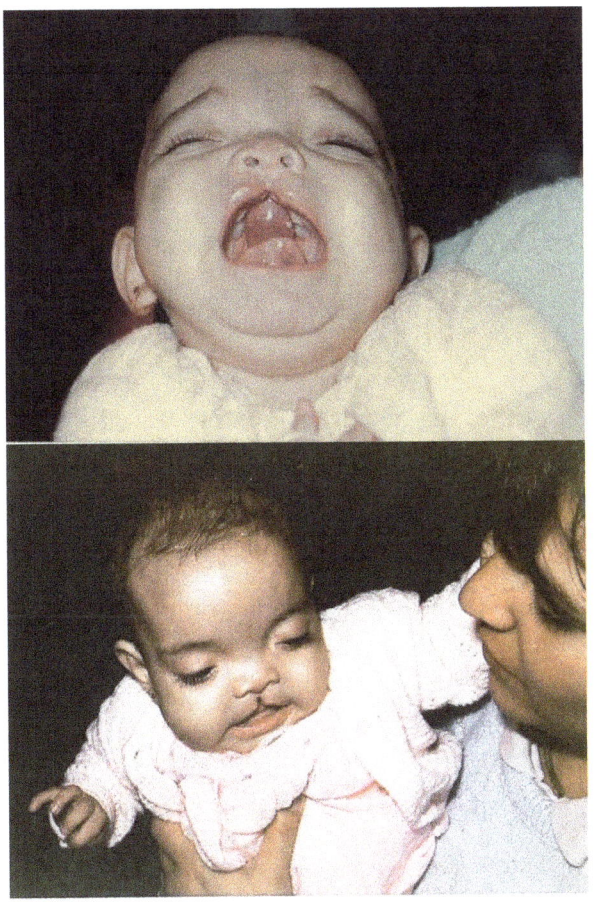

El Apoyo de nuestra familia y Familia en la fe

En aquellos momentos difíciles que estábamos atravesando en el hospital, nuestra familia nunca nos dejó solos. Estuvimos rodeados del amor y la fe de nuestra querida familia y de nuestros hermanos en Cristo. Sus oraciones y su presencia alimentaban nuestra fe.

Desde el primer día de nuestro matrimonio, Ily y yo decidimos poner a Dios en primer lugar en nuestras vidas, honrarlo con nuestras finanzas y servir activamente en nuestra iglesia. Ily colaboraba en la sala cuna y yo dirigía el ministerio de alabanza y música.

Habíamos creído en un Dios de amor, un Dios que promete vida abundante a quienes creen en Él. Romanos 8:28 dice claramente: «Todas las cosas ayudan a bien a los que aman a Dios». Entonces me surgieron muchas preguntas… ¿qué fue lo que pasó? ¿Por qué la nena nació así? ¿Qué hicimos mal? ¿Por qué a nosotros? Las dudas comenzaron a llenar mi mente con miles de interrogantes sin respuesta. ¿Por qué? ¿Por qué, por qué?

En el capítulo 9 del libro de Juan, la Biblia relata la historia de un hombre que nació ciego. Los discípulos, en lugar de ayudarlo, se enfocaron en encontrar la causa. Lo vieron como un enigma sin resolver: ¿quién pecó, él o sus padres, para que naciera ciego? Los discípulos no mostraron interés en ayudar, sino solo en discutir la causa de su condición. Jesús no respondió directamente a esa pregunta: «No pecó este ni sus padres, sino para que las obras de Dios se manifiesten en él».

En otras palabras, Jesús no vino a señalar culpables, sino a traer sanidad, alivio y compasión. Jesús vino a hacer la obra que Dios le envió a hacer, que es aliviar el sufrimiento. Hoy en día, muchos piensan que, cuando alguien sufre y enfrenta una tragedia, es porque algo anda mal en su vida. Todos sufrimos de una forma u otra porque vivimos en un mundo caído, pero hay sufrimientos que van más allá de lo normal.

En el caso del ciego, Jesús se preocupó por resolver el problema y no por la causa del problema. De la misma manera, nosotros, como Jesús, debemos realizar actos de amor y misericordia por quienes sufren, en lugar de pensar: «Algo estarán haciendo mal, por eso les pasa eso». La pregunta que debemos hacernos es: ¿qué quiere Dios que hagamos para ayudar en la situación?

La Biblia dice en Santiago 1:17: «Toda buena dádiva y todo don perfecto descienden de lo alto, del Padre de las luces, en el cual no hay mudanza ni sombra de variación».

Conocíamos a un Dios amoroso, pero este versículo nos abrió los ojos a una faceta del carácter de Dios que no habíamos experimentado. Todo don perfecto proviene de Él. Él es un Padre de luz; en Él no hay oscuridad, así que nada malo puede venir de Dios. Lo que estábamos experimentando no provenía de Él; nada malo puede venir de Dios porque Él es perfecto.

Si todo don perfecto viene de arriba, es decir, del cielo, significa que la enfermedad no viene del cielo, porque en el cielo no hay enfermedad ni dolor. Por lo tanto, la condición física de Mercy no puede provenir de Dios ni ser su voluntad para ella. Santiago dice que Dios no cambia: siempre es el mismo. Dios no dice algo hoy y mañana cambia y dice algo diferente.

También descubrí que la Biblia dice que Dios no miente (Números 23:19). Había oído que Dios castiga a sus hijos con enfermedades, pero ¿cómo puede ser cierto, cuando Él mismo dice: «Yo soy Jehová tu sanador» (Éxodo 15:26)? Aprender esto cambió por completo nuestra manera de orar y de creer en un milagro en la vida de Mercita.

Todas mis dudas se disiparon cuando encontré un nuevo significado en Isaías 53:5: «Mas él herido fue por nuestras transgresiones, molido por nuestros pecados; el castigo de nuestra paz fue sobre él, y por su llaga fuimos nosotros curados». La

Escritura dice «fuimos sanados» en pasado porque es un hecho consumado. No dice «seremos sanados».

Es interesante notar que Isaías vivió cientos de años antes de la venida de Jesús a la tierra. Isaías, en su rol de profeta, predijo eventos futuros. Sin embargo, en este pasaje, al decir «fuimos sanados», reveló una verdad espiritual. La sanidad en la época de Isaías ya había sido dada. Jesús pagó un precio muy alto por nuestra salvación y, en su sacrificio, se incluyó la sanidad de nuestros cuerpos.

En el Nuevo Testamento, 1 Pedro 2:24 confirma nuevamente: «Él mismo llevó nuestros pecados al madero en su cuerpo, para que nosotros, ahora muertos al pecado, vivamos para la justicia. Por sus heridas fuisteis sanados».

Aprendimos que Jesús vino a revelarnos al Padre. Él dijo: «Lo que yo digo no lo digo por mi propia cuenta, sino que el Padre que mora en mí hace las obras» (Juan 14:10). Entonces, para conocer al Padre, solo necesitamos ver a Jesús en su ministerio terrenal realizando las obras del Padre.

A partir de ahí, me dediqué a subrayar en mi Biblia los pasajes que mostraban a Jesús sanando a los enfermos. Comprendí que no tiene sentido creer que Dios enferma a la gente y luego envía a Jesús a sanarlos. Tampoco tiene sentido creer que es la voluntad de Dios que la gente se enferme, pues al orar por sanidad estaríamos orando en contra de la voluntad de Dios.

En todo caso, si Jesús sanaba a todos los que acudían a Él, entonces actuaba en contra de la voluntad del Padre. En Juan 5:19, Jesús dice: «En verdad os digo: no puede el Hijo hacer nada por sí mismo, sino lo que ve hacer al Padre; porque todo lo que hace el Padre, lo hace también el Hijo».

Hay varios pasajes bíblicos en los que se ve a Jesús sanando a los enfermos y a los que sufrían, recorriendo ciudades y pueblos, predicando el evangelio y sanando todas las enfermedades y dolencias de la gente. La gente le traía a quienes padecían diversas enfermedades, dolores, posesiones demoníacas, personas con epilepsia, paralíticos y ciegos, y Jesús «sanó a todos» (Mateo 12:15).

Basados en esta verdad, ya no le pedíamos a Dios que sanara a Mercy, sino que simplemente le agradecíamos por enviar a Jesús, quien con su sacrificio en la cruz del Calvario sanó a Mercy. Romanos 4:17 dice: «Dios llama las cosas que no son como si fuesen».

En lugar de centrarnos en los problemas que teníamos y quejarnos, empezamos a hablar de las cosas que no veíamos, pero que queríamos ver. Jesús dijo: «Por eso os digo que todo lo que pidiereis en oración, creed que lo recibiréis, y os vendrá». Desde ese día basamos nuestra oración en Marcos 11:24. Creímos haberlo recibido cuando oramos y comenzamos a actuar en ello.

La pregunta «¿por qué ocurrió esto?» seguía siendo una incógnita constante.

En Juan 10:10, Jesús aclara finalmente el asunto de manera firme y decisiva: «El ladrón no viene sino para hurtar, matar y destruir; yo he venido para que tengan vida y para que la tengan en abundancia».

La Biblia dice en Apocalipsis 12:10 que la función principal de Satanás es acusar a los creyentes, sembrar duda y desconfianza en los hijos de Dios. Hay un espíritu acusador que ataca los matrimonios. Cuando las cosas no van bien en casa, se repite la historia del Jardín del Edén: Adán acusó a Eva y Eva acusó a la serpiente.

Mi esposa y yo tuvimos la oportunidad de acusarnos mutuamente, pero nunca dimos lugar a ese espíritu de acusación. Nunca nos señalamos uno al otro como responsables de la situación por la que estábamos atravesando.

Uno de los acuerdos más poderosos en la tierra es el del matrimonio. Cuando esposo y esposa tienen el mismo sentir, oran y caminan en unidad, pueden lograr muchas cosas. Con Ily aprendimos y practicamos ese principio desde nuestros primeros días de matrimonio. Mateo 18:19 dice: «Si dos se ponen de acuerdo en la tierra para pedir algo y orar por ello, mi Padre celestial se lo concederá».

Cuando la desgracia llama a la puerta del hogar, acusarse mutuamente no lleva a nada. No se gana nada. Las adversidades brindan oportunidades para revisar el corazón y la vida, acercarse a Dios y fortalecer la relación matrimonial.

También llegó a nuestra mente la posibilidad de que la causa pudo haber sido un problema hereditario, pero después de indagar en ambas líneas familiares, nadie en la familia de Ily ni en la mía tenía antecedentes. Así que descartamos la idea de que la causa viniera de nuestros genes y nos dedicamos a buscar el favor y la misericordia de Dios a nuestro favor.

Hay personas que se enojan con Dios cuando las cosas no salen como quieren. Mi padre solía decir: «No hay que pelear con la cocinera porque es ella quien te da de comer». Lo peor es pelearse con Dios cuando es a Él a quien puedes acudir en tiempos difíciles y confiar en que Él proveerá la solución.

«Invócame en el día de la angustia; yo te libraré, y tú me glorificarás» (Salmo 50:15).

«En un mal día, confío en ti» (Salmo 56:3).

«Torre fuerte es el nombre del Señor. A Él correrán los justos y serán protegidos» (Salmo 18:10).

Después de pasar unos días, escuchamos del médico las palabras que nos dejaron paralizados: «La niña solo vivirá tres meses si no se opera de inmediato». Nos explicó que la cirugía consistía en abrir el cráneo de la bebé y colocar una válvula o catéter para drenar el líquido cefalorraquídeo acumulado en su cerebro.

Los riesgos de este tipo de operación eran altísimos y las probabilidades de éxito muy bajas. El doctor también mencionó que, en algunos casos, la válvula se obstruye y necesita ser reemplazada varias veces y que, al final, no hay garantía de buenos resultados. En el peor de los casos, los resultados pueden ser fatales. Conocíamos casos de niños a los que se les colocó la válvula y, después de reemplazársela varias veces, finalmente fallecieron.

Nosotros ya habíamos aprendido a creer en lo imposible y nos aferramos a las promesas de Dios con todas nuestras fuerzas. Empezamos a buscar en la Biblia textos donde Dios promete sanidad física y los anotamos en un cuaderno. Oramos conforme a esas promesas y luego las confesamos una y otra vez sobre la vida de nuestra hija.

El Salmo 116:10 se volvió un lema para nosotros: «Creí, por lo cual hablé». Nuestra confianza en lo que Dios podía hacer creció y nuestra fe se fortalecía cada día. En los evangelios leemos que «Jesús tuvo compasión de la gente y los sanó» (Mateo 14:14). Confiamos en la verdad de que Él es el mismo ayer, hoy y siempre, y que prometió nunca dejarnos ni abandonarnos.

Crecí en una familia que conocía a Dios. Mi madre murió al mes de nacer y mi padre falleció cuando yo era un adolescente. El Salmo 68:5 se hizo realidad en mi vida; comprendí que «Dios es Padre de huérfanos». Dios me adoptó y pude conocerlo verdaderamente de una manera íntima y personal como mi Padre… ¡sí, mi Padre Celestial! Un Padre que ha sido fiel y me ha sostenido todos los días hasta hoy.

Los días pasaban y Mercy no podía alimentarse normalmente como lo hace cualquier recién nacido. Su condición de tener labio partido y sin paladar hacía que alimentarla fuera un gran reto, pero Ily lo enfrentó sin quejarse. Era muy doloroso verla sentada al borde de la cama, en el silencio de la noche y en la oscuridad de la madrugada, alimentando a Mercy. Le daba su lechita con una jeringa, gota a gota. Mercy tardaba casi una hora en beber una onza de leche.

John y Ellen Koehler, quienes eran nuestros pastores en ese tiempo, tenían experiencia con niños con esta condición. La hermana Ellen fue de mucha ayuda para Ily en la alimentación de Mercy.

La presión para operar con urgencia a Mercy persistía. El doctor exclamaba: «¡Tenemos que operar! ¡Tenemos que salvar el cerebro! Tenemos que poner una válvula o su hija va a morir de hidrocefalia». Escuchar esas palabras hace que el cuerpo se estremezca y pone la piel de gallina.

Empezamos a buscar ayuda. Algunos nos decían que contactáramos a la oficina de servicios sociales del gobierno para pagar la operación. Otros decían que pidiéramos un préstamo a un banco para financiarla. Mi suegro nos dijo: «Si yo tuviera el dinero, se los daría para que operen a mi muchachita». Mientras tanto, nuestras familias y la iglesia nos apoyaban con oraciones y súplicas, creyendo y confesando un milagro de sanación en la vida de Mercy. Gracias a Dios no conseguimos el dinero. Si lo hubiéramos tenido, estoy seguro de que nuestra hija no habría sobrevivido la operación.

Con frecuencia, el médico medía la cabecita de Mercy para ver cuánto crecía. De repente, un día, después de medirle la cabeza, dijo muy sorprendido: «¡La cabeza de la niña no crece! Al contrario, se está encogiendo». Luego hizo una afirmación que jamás imaginamos: «La niña no solo tiene hidrocefalia, sino también microcefalia».

Nos explicó que, en el caso de Mercy, la hidrocefalia hacía que la cabeza creciera y que el cráneo debiera ser cortado para permitir ese crecimiento. Al mismo tiempo, la microcefalia hacía que el cráneo se encogiera y sus articulaciones se sellaran. La presión producida por el líquido retenido volvía la condición de salud y de vida fatal. ¿Se imaginan? Teníamos dos problemas que debíamos contrarrestar y, con plena confianza en Dios y fe en su Palabra, decidimos creer en un milagro.

Nos avisaron que una delegación médica de Estados Unidos viajó a Guatemala. Eran especialistas en procedimientos de labio leporino y paladar hendido y estaban organizando una jornada médica en un pueblo cercano. Estábamos muy emocionados de llevar a Mercy para que la evaluaran y, de ser posible, que la operaran de una vez.

Después de examinarla, nos dijeron: «El caso de su hija es muy delicado. La podemos operar, pero tienen que llevarla a Estados Unidos». Esto se debía a que en Guatemala no había instalaciones ni equipo para realizar una operación tan riesgosa. Creímos que esta era la puerta que Dios estaba abriendo para poder ayudar a nuestra hija, pero después de un tiempo esa puerta no se abrió. Nunca más volvimos a saber de esos médicos.

Seguimos buscando oportunidades similares, tocamos varias puertas, pero no se abrieron.

En mi desesperación y en la urgencia de ayudar a Mercy con la operación que necesitaba, un día escuché una voz que me susurró al oído: «¿Por qué no te quitas la vida? Así tu esposa podrá recibir dinero y viajar a Estados Unidos con Mercy para la operación. Tírate debajo de las ruedas de un camión y así ayudarás a resolver el problema».

En ese entonces trabajaba como profesor de música en un instituto de la ciudad. Los maestros tenían acceso a un fondo mutualista llamado Auxilio Póstumo. Recuerdo ese día como si fuera ayer; todavía me da escalofríos pensarlo, pero el Señor me salvó la vida. Gracias, Señor.

Ese día conocí la voz del demonio del suicidio, que ataca a miles de personas cuando están en el valle de la desesperación y no ven la salida al otro lado del túnel en el que se encuentran.

Si estás leyendo estas líneas y estás pasando por una situación que parece imposible, no te desesperes. La Biblia dice que el que está con nosotros es más grande que el demonio del suicidio.

Momentos de revelación divina

La iglesia a la que asistíamos nos apoyó mucho en oración. Un día, una hermana, guiada por el Espíritu Santo, dijo que recibió del Señor que debíamos ayunar durante tres días. Cada día, el pastor, los líderes y algunos miembros de la familia nos reuníamos en la iglesia para orar.

En el segundo día de ayuno, Ily recibió una visión. En la visión vio un lago y, en el lago, un pequeño barco. Al mismo tiempo, escuchó la voz del Señor que le decía: «Yo estoy guiando el barco y lo estoy llevando a puerto seguro».

Ily compartió esa experiencia con el grupo presente, lo cual llenó de gran alegría nuestros corazones y nos animó a seguir buscando el rostro del Señor.

En el tercer y último día del ayuno, yo estaba orando de pie frente al altar de la iglesia. De repente, fui transportado al Monte

Calvario. El Señor me permitió ver en una visión la escena del Monte Calvario. Podía sentir literalmente el aire soplar en esa tarde gris, la tierra rocosa y árida debajo de mis pies, y allí vi a Jesús colgado de la cruz. Vi sus manos heridas por los clavos, la corona de espinas en su cabeza y la sangre que le corría por las heridas hacia el rostro.

Con voz entrecortada pero compasiva, me miró y me dijo: «Tu hija no va a morir, no vas a enterrar mi misericordia, porque mi misericordia nunca muere; es para siempre» (Lamentaciones 3:13).

Ahora mismo, mientras escribo esto, no puedo contener las lágrimas. El Espíritu Santo me permitió contemplar de primera mano el amor eterno de Jesús, su sacrificio y su corazón lleno de compasión. Ese día, la misericordia de Dios escribió de nuevo mi vida.

Agua Viva, la iglesia a la que asistíamos, fue fundada por el Dr. Jim y Marion Zirkle, misioneros estadounidenses. Living Water Teaching tenía sus oficinas centrales en Broken Arrow, Oklahoma. Nuestros pastores viajaban constantemente a los Estados Unidos para atender asuntos del ministerio. La misión en Guatemala tenía sus propios aviones y aeropuerto en la ciudad. Ellos nos ofrecieron que, en cuanto encontráramos un hospital y médicos que pudieran operar a Mercy, llevarían a ella y a su mamá a los Estados Unidos. Mientras tanto, nosotros continuábamos orando y, al mismo tiempo, tocando puertas, pero nada sucedía.

Un día, el Señor le dio una visión a una hermana de la iglesia. En la visión ella me vio de pie y, justo debajo de la tierra donde yo estaba parado, había animales como marmotas o castores excavando y haciendo un hoyo para que el suelo donde yo estaba se derrumbara y yo cayera en él.

El ataque del enemigo era tan fuerte que solo me sostenía por fe. Servía en la iglesia como ministro de alabanza y estoy seguro de que era un ataque espiritual, porque en cada servicio de la iglesia tocábamos el corazón de Dios y Él respondía manifestando su dulce presencia. La Biblia dice que todos los que quieren vivir para Dios sufrirán persecución (2 Timoteo 3:12). Cuando sirves en el ministerio y tienes el respaldo de Dios, eres una bendición, y el diablo va a tratar de detenerte a toda costa.

Los meses pasaban y nosotros continuábamos pidiendo ayuda, corriendo de un lado a otro, tocando puertas, buscando soluciones, haciendo llamadas.

Un día, después de terminar el servicio dominical, una hermana se acercó a mi esposa para decirle: «Dice el Señor: vienen a pedirme ayuda al mismo tiempo que buscan soluciones en otro lugar. Ponen a la niña en mis manos y, al cabo de un tiempo, me la quitan».

En ese momento comprendimos que debíamos confiar plenamente en Dios. Pedimos perdón y entregamos de nuevo la vida de Mercy a Jesús. Decidimos descansar en su fidelidad y provisión, sin dudar de que Él abriría un camino en nuestro desierto.

El pastor John Kohler, quien pastoreaba la congregación en ese tiempo, dijo que habían decidido que la ofrenda que se recogería en el servicio del domingo nos sería entregada completamente para ayudarnos con los gastos del viaje a Estados Unidos.

Recuerdo que ese día la iglesia estaba llena. Estábamos agradecidos y muy felices porque finalmente podríamos viajar. Al final de la reunión, el pastor nos llamó a su oficina y nos dijo: «No entiendo por qué la ofrenda de hoy es la más baja que hemos recogido en todo el año». Luego nos entregó un sobre con la ofrenda, la cual agradecimos sobremanera.

Mi corazón se llenó de tristeza. Esperábamos que esa fuera la respuesta a nuestras oraciones, ¿y ese día la ofrenda fue la más baja que se recogió en la iglesia en todo el año? Esa fue una gran decepción.

Servíamos en la iglesia con mucho amor y alegría, voluntariamente, sin esperar nada a cambio. Dábamos nuestro tiempo y energía; llegábamos muy temprano a la iglesia con nuestros hijos, que en ese tiempo eran muy pequeños, y éramos de los últimos en salir. Y ahora que nosotros lo necesitábamos, la congregación no estuvo allí para nosotros.

Al salir de la oficina del pastor, la hermana Anita estaba esperándonos en el pasillo. Nos dijo: «Dice el Señor que, para la operación de Mercy, no van a necesitar dinero. Si fuera por dinero que Dios lo va a hacer, lo habrían recibido. Pero Dios no necesita dinero para realizar su plan».

Recibimos esa palabra y decidimos esperar en el Señor, confiando en que Él usaría los medios que quisiera y a quien quisiera. Él quiere ser nuestro proveedor y nuestra fuente, para que nadie más se lleve la gloria.

1 Timoteo 1:17 dice: «¡A Dios sea toda la honra y la gloria por los siglos de los siglos! Él es el Rey eterno, el invisible, el único que nunca muere».

«Yo soy el Dios Todopoderoso. Ese es mi nombre. No permito que otros dioses reciban el honor y la alabanza que solo yo merezco recibir» (Isaías 42:8, NTV).

Jehova Jireh
nuestro Proveedor

En ese entonces, mi hermano Gustavo trabajaba en un hospital de Carolina del Norte. Le habíamos enviado toda la información necesaria de Mercy para obtener la ayuda que necesitábamos.

De repente, un día, cuando menos lo esperábamos, recibimos un fax con buenas noticias: «El Hospital Bautista de Carolina del Norte y el Departamento de Pediatría han decidido aceptar el caso de Mercy y permitir el uso de todas las instalaciones y servicios para su operación». Y lo mejor de todo: «Sin cobrar un solo centavo».

¡Gloria a Dios! Esa era la respuesta a nuestras oraciones, y con la bendición añadida de que el hospital no cobraría nada, ¡fue un verdadero milagro! Conociendo ahora de primera mano cómo funciona el sistema de salud en Estados Unidos, puedo afirmar sin lugar a duda que los milagros sí existen.

Ya teníamos el hospital; ahora solo faltaban los médicos y especialistas para realizar la operación. Seguimos orando y, a la vez, continuamos buscando. Gustavo tocó las puertas del Departamento de Cirugía Plástica, de Neurología y del Hospital Brenner del Hospital Bautista Wake Forest en Winston-Salem, Carolina del Norte.

Dios nos había dicho: «No van a necesitar dinero». Aun así, no dejó de sorprendernos el día que recibimos la noticia de que los especialistas del Departamento de Cirugía Plástica y de Neurología ofrecieron sus servicios para operar a Mercy y que lo harían sin cobrar. Me costaba creer lo que escuchábamos. ¡Qué maravilla! Dios es fiel a sus promesas y siempre hace lo que ha dicho que hará.

Inmediatamente empezamos a planificar el viaje. Pero nos dimos cuenta de que lo que faltaba era el dinero para los boletos de avión. A la semana siguiente nos avisaron que la línea aérea había donado dos boletos para que Ily pudiera viajar a Estados Unidos con Mercy. Sin embargo, Ily no quería viajar sola, pues era un viaje a lo desconocido y, sobre todo, por las condiciones de salud de Mercy. Oramos y empezamos a creer por un tercer billete. A los pocos días, recibimos un tercer boleto aéreo gratis.

Ahora tocaba lo más difícil: solicitar la visa para poder entrar a Estados Unidos. Obtener una visa requería otro milagro. No cumplíamos con los múltiples requisitos que pedían para otorgarla. Aun así, decidimos viajar a la embajada americana con plena confianza en Dios.

Ese día llegamos muy temprano, casi al amanecer, con nuestra hija en brazos. La fila era larga y avanzaba muy despacio. Una vez dentro del edificio, vimos a varias personas salir con una sonrisa en los labios; otros, abrazados, muy felices. Algunos pasaban a nuestro lado con mirada desanimada, otros llorando. Nosotros estábamos allí en la fila, desconcertados, pensando en lo que nos dirían.

Nuestras mentes estaban llenas de incertidumbre y un poco de temor, pero en nuestros corazones estábamos confiados. Nos animábamos mutuamente con palabras de fe y esperanza. Llegó nuestro turno de pasar. Por la forma en que la persona de la ventanilla nos habló y el tono de voz que usó, supimos que su trabajo no era dar visas, sino negarlas.

Después de hacernos varias preguntas, se quedó callada mientras estudiaba los documentos. Esos momentos de silencio me parecieron una eternidad. Estábamos allí esperando. Me sudaban las manos, el corazón me latía más rápido, tenía la boca seca. La respuesta podía ser no, lo que significaba la sentencia que acabaría con nuestros deseos de viajar con Mercita.

Estábamos allí parados, en silencio, a merced de la voluntad de la mujer de la ventanilla. De pronto levantó la vista, nos miró como estudiándonos, selló nuestros pasaportes y dijo: «Que tengan buen viaje».

¡¡¡Alabado sea el Señor!!!

«Dios tiene el corazón de los hombres y los dirige hacia donde Él quiere» (Proverbios 21:1).

Gracias, Padre Celestial, por responder nuestras oraciones y las de todos aquellos que intercedieron por nosotros.

La fe que vence los obstáculos

Vimos cómo todos los obstáculos que teníamos se derrumbaban ante nuestros ojos y cómo se cumplía la Palabra del Señor: «Si fuera por dinero, Dios lo proveería». Pudimos confirmar que, cuando tenemos al Señor, lo tenemos todo.

La provisión y la prosperidad no significan acumular dinero ni muchos bienes materiales. La bendición de Dios significa que su provisión estará ahí sobrenaturalmente el día y la hora que la necesitemos. Dios proveyó a su pueblo pan del cielo en medio del desierto. Las instrucciones fueron: «No guarden nada para el día siguiente ni lo acumulen».

Dios quiere que confíes en Él para satisfacer tus necesidades de mañana (Éxodo 16), que dependas de Él y no de tus propios recursos y fuerzas. En Mateo 6:11, Jesús nos enseña a pedir el pan de cada día y no el pan para todo el mes.

La fecha de tan esperado día de viaje finalmente llegó. Estábamos muy felices porque Dios le había abierto las puertas a Mercita para viajar; por otro lado, muy tristes porque nuestros dos pequeños hijos en Guatemala, Andy de cinco años y Danny de apenas dos, se quedarían allá.

Muy emocionados abordamos el avión, pero la emoción se mezclaba con incertidumbre. Era nuestra primera vez viajando a Estados Unidos, bastante temerosos y nerviosos porque era un viaje a lo desconocido. Nuestro inglés era bueno solo para decir hola, adiós y gracias.

Después de unas horas en el aire, aterrizamos en uno de los aeropuertos más grandes de Estados Unidos: el Aeropuerto Internacional de Miami. Fue una sensación rara. Deberíamos haber estado felices, pero la razón de nuestro viaje y el ajetreo rápido que experimentamos en el aeropuerto hicieron que la experiencia fuera abrumadora.

No fue un viaje agradable. La condición con la que nació Mercy no le permitía respirar con normalidad. Al no tener paladar, su cerebro se le había caído a la boca, pues no tenía piso donde descansar. Eso le obstruía las fosas nasales y Mercy quedaba sin respirar por varios segundos. Sus labios y su boquita se ponían moraditos; después, al dar un gran respiro y con mucha dificultad, volvía a una supuesta normalidad.

Estábamos exhaustos después del viaje y abrumados por el movimiento en ese gran aeropuerto. Frente a nosotros, cientos de viajeros de muchos países, hablando varios idiomas, corrían por los pasillos de un lado a otro para no perder su próximo vuelo, y nosotros seguíamos allí de pie, preguntándonos: ¿y ahora qué hacemos?, ¿adónde vamos?

Desorientados como estábamos, teníamos que recoger nuestro equipaje de un avión y trasladarlo a otro. De repente, apareció una mujer con uniforme de azafata. Se nos acercó y nos preguntó: «¿Es Mercy, verdad? Vengan conmigo, síganme rápido. Los voy a llevar a donde tienen que ir para abordar su próximo vuelo».

Agarró nuestras maletas y echó a andar a toda prisa; nosotros la seguimos sin dudarlo. Nos llevó a la puerta para nuestro vuelo de conexión y entregó las maletas al auxiliar de vuelo. Al tiempo que revisaban nuestros documentos, nos dieron los boletos de avión que nos llevarían a Carolina del Norte y, de ahí, tomaríamos un tercer avión para llegar a nuestro destino final.

Cuando nos dimos vuelta para agradecerle a la señorita su ayuda, ya no estaba. Literalmente se esfumó. En unos instantes ya no la vimos. Desapareció. Más tarde, preguntamos si alguien había hecho arreglos para que nos recibiera en Miami para ayudarnos y llevarnos a la puerta de embarque para nuestro próximo vuelo, pero nadie lo hizo. Nadie pudo darnos información sobre aquella mujer. Ahora entendemos que fue Dios quien envió a su ángel para ayudarnos.

Abordamos un segundo avión con destino a Carolina del Norte, que aterrizó en Charlotte ya entrada la tarde. Ahí tomamos un tercer avión que nos llevó a nuestro destino: Winston-Salem.

Dios nos permitió llegar sanos y salvos. Bastante agotados, ya era de noche, pero felices de ser bien recibidos por Gustavo y Christine. Estábamos experimentando la fidelidad de Dios y el amor de nuestras familias y hermanos de fe que nos habían sostenido durante todo este tiempo.

Unos días después de nuestra llegada a Winston-Salem, ya teníamos programadas citas médicas para que los médicos y especialistas del Hospital Bautista evaluaran a Mercy. El día de su primera cita nos dirigimos muy temprano al Departamento de Cirugía Plástica del hospital.

Era un hospital enorme, con edificios muy hermosos. Aquello me pareció un aeropuerto por la cantidad de personas en los pasillos y lo inmenso de las instalaciones. De hecho, una de las primeras cosas que llamó mi atención fue que el hospital tenía su propio helipuerto, donde aterrizaban los helicópteros que transportaban pacientes.

Las citas médicas con especialistas que siguieron fueron muchas: con el neurólogo, el endocrinólogo, el oftalmólogo, el nutriólogo y otras especialidades que terminan en «-logo». Una gran cantidad de exámenes, radiografías, ecografías, tomografías computarizadas, análisis de laboratorio y más.

El Señor nos había traído a uno de los mejores hospitales de Estados Unidos, donde los especialistas también eran muy reconocidos como los mejores del país. El hospital era muy moderno, con el mejor equipo e instrumentos de la época, pero, al no entender el idioma y sin conocer a nadie, la experiencia era bastante extraña y abrumadora.

La situación era aterradora porque ese día los médicos, por primera vez, conocerían a Mercy, evaluarían su condición e iban a decidir si era posible realizar la operación o no.

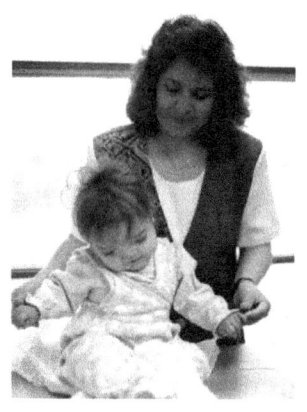

Cuando el Reloj en la pared se detuvo

El día de la cirugía finalmente llegó. Ese día llegamos al hospital muy temprano. Nos habían explicado los riesgos y las probabilidades de éxito de la operación, y debo confesar que el miedo que sentí y la idea de no volver a ver a Mercy fueron sentimientos aterradores.

Pero sabíamos que fue el Señor quien nos había traído hasta aquí y que ese era el momento y el lugar que Dios había elegido para bendecir a su hija. Con mucha incertidumbre, pero con nuestra fe puesta en Dios, entregamos a Mercy a las enfermeras, quienes la llevaron al quirófano. Nosotros nos dirigimos a la sala de espera.

Nos acompañaban mi hermano Gustavo, Christine y el pastor Bobby Dishman, de la Iglesia de Dios de Parkview. Nuestra gratitud al pastor Bobby y a la congregación es enorme. Fueron nuestra familia en la fe y nos brindaron todo el apoyo espiritual y material que pudieron.

No es bueno alejarse de la iglesia cuando la calamidad llama a la puerta. La bendición de tener un pastor y una congregación que ora por ti y te apoya es una de las mayores bendiciones de ser parte del cuerpo de Cristo.

Esa mañana, en la sala de espera, parecía que las manecillas del reloj colgado en la pared no se movían. Las horas transcurrían muy lentamente. La sala estaba llena de gente esperando noticias de sus seres queridos.

En la pared había un teléfono al que los médicos en el quirófano llamaban para hablar con la familia y comunicarles el progreso de la cirugía. Vi cómo algunos regresaban a sus asientos felices porque la cirugía había terminado con éxito. Recuerdo muy bien los rostros angustiados de quienes recibían malas noticias.

Nosotros seguíamos ahí, esperando, preocupados. Sentía el estómago revuelto, la boca seca. Mercy se debatía entre la vida y la muerte. Debido a su condición médica, todo podía suceder. Las horas pasaban, los pronósticos no eran alentadores.

Finalmente, recibimos la primera llamada del quirófano: «Todo está bien», dijo la voz al otro lado de la línea. Continuamos orando en silencio, creyéndole a Dios, confesando sus promesas, confiando.

Nos habían explicado los procedimientos que los médicos planeaban realizar ese día. La operación consistía en abrir el cráneo de Mercita de oreja a oreja, levantar el cerebro para colocar un injerto de hueso tomado de su cadera, con el fin de formar el paladar que serviría de suelo al cerebro.

Los ojitos de Mercy eran uno más pequeño que el otro y se movían constantemente. Recortaron las cuencas oculares para que quedaran un poco más equilibradas y uniformes. Luego cerraron el cielo de la boca y finalmente unieron el labio partido.

Llegó el mediodía y estábamos exhaustos, con un poco de náuseas. No creo que fuera hambre; más bien era por las circunstancias y la incertidumbre de la situación, sin entender mucho del idioma y menos aún el vocabulario médico.

Nos dijeron que debíamos comer algo y nos llevaron a uno de los restaurantes ubicados en la planta alta del hospital, con amplios ventanales que permitían ver el centro y parte de la ciudad. Era otoño y los árboles ya habían perdido sus hojas. El paisaje era muy hermoso. Observé lo diferentes que eran los edificios de las iglesias que se destacaban en la distancia. Ver esos campanarios y cruces era un recordatorio del amor de Dios por la humanidad y del alto precio que se pagó por nuestros pecados y nuestra salud.

Regresamos a la sala de espera. Habían pasado seis horas desde que entregamos a Mercy a los médicos. La sala estaba casi vacía. Finalmente, el teléfono volvió a sonar, llamando a la familia Solís. Era del quirófano. Corrimos a contestar y recibimos las palabras más hermosas que pueden escuchar los padres cuando sus hijos se encuentran entre la vida y la muerte: «La operación terminó, todo salió bien, la operación fue un éxito».

Entre abrazos, sonrisas y lágrimas, elevamos una oración de gratitud a Dios.

La operación duró doce horas, pero para nosotros fue una eternidad. Fue la gracia del Señor y sus promesas las que nos ayudaron a no desmayar en el día malo: «No temas, porque yo estoy contigo; no desmayes, porque yo soy tu Dios que te fortalece; siempre te ayudaré, siempre te sustentaré con la diestra de mi justicia» (Isaías 41:10).

Llevaron a Mercita a la unidad de cuidados intensivos del Hospital Infantil Brenner. Después de unas horas, nos permitieron entrar a verla. Allí estaba nuestra muñequita, anestesiada, con toda su cabecita cubierta de vendas blancas manchadas de sangre. Sus ojos, su boca y su nariz también estaban cubiertos por las vendas, con mangueras, tubos y cables por todas partes. El sonido de las máquinas y sus alarmas era sobrecogedor.

La imagen era impactante. Presentaba la muerte, pero hablamos vida a su cuerpo y confesamos Isaías 53:5 y 1 Pedro 2:24 sobre su frágil cuerpecito: «Pero él fue herido por nuestras rebeliones, molido por nuestros pecados; el castigo de nuestra paz fue sobre él, y por sus llagas fuimos nosotros curados».

El día que tanto esperábamos llegó. Mercita despertó y poco a poco fue recuperando fuerzas. Lo más grandioso fue que Ily pudo alimentarla por primera vez. Fue una experiencia muy emotiva que Ily no puede expresar con palabras. La calidad del trabajo de las enfermeras y los médicos fue admirable y dábamos gracias a Dios por ellos. Dios nos había traído a uno de los mejores hospitales de Estados Unidos, con un personal muy amoroso y compasivo.

45 días hacia una celebración de Victoria

Mercy continuó su larga recuperación en cuidados intensivos para luego ser trasladada a una habitación normal del hospital. Nosotros seguíamos a su lado, amándola, dando gracias a Dios por su vida, creyendo y declarando las promesas del Señor sobre ella.

Dormíamos en el piso de una salita de espera. Había una pequeña habitación con un refrigerador que tenía jugos, sándwiches y galletitas para las familias que visitaban a sus seres queridos hospitalizados. Eso nos alimentó durante los cuarenta y cinco días que duró nuestra estancia en el hospital.

Todos los días un hombre que parecía médico entraba a la habitación de Mercy. Era alto, blanco, rubio y vestía una bata blanca. Llegaba, nos saludaba, se paraba junto a la cama de Mercy, la miraba unos minutos sin decir una sola palabra y luego se iba.

De la misma manera, un hombre moreno que trabajaba en la limpieza entraba a diario en la habitación y oraba por Mercita. Luego nos decía: «Ella va a estar bien. Va a salir del hospital sin problemas». Esas palabras nos reconfortaban y fortalecían nuestra fe.

Decidimos que, mientras estuviéramos en el hospital, no dejaríamos de asistir a la iglesia los domingos. Nos dimos cuenta de que, entre semana, Mercy estaba bien, pero el domingo, cuando estábamos listos para ir a la iglesia, siempre algo sucedía y su situación empeoraba. Teníamos que decidir si quedarnos en el hospital o ir a la iglesia a adorar al Señor.

El cumpleaños de Mercita se acercaba. Los doctores dijeron que, si todo seguía bien, era posible que le dieran el alta y se fuera a casa a celebrar su primer añito de vida. Tres días antes de su cumpleaños, los médicos nos dijeron que Mercy estaba lista para irse a casa.

Pero cuando llegó el día en que saldría del hospital, dijeron que no podían dejarla ir porque llevaba dos días con fiebre y no encontraban qué le estaba causando la fiebre. Le habían hecho todo tipo de pruebas y no encontraron la razón. La noticia nos puso muy tristes.

El hospital tenía una capilla y ese día Ily y yo fuimos allí a orar. Clamamos al Señor con todo nuestro corazón, oramos en el Espíritu, en español y también en inglés. Supimos que era una batalla espiritual.

El Señor me enseñó que hay casos en los que el enemigo hace que los médicos vean síntomas de enfermedades que no existen, para luego someter a las personas a tratamientos y procedimientos que terminan perjudicándolas. En otras ocasiones, el enemigo ciega el entendimiento de los médicos e impide que vean qué es lo que realmente sucede. La persona tiene síntomas y dolor, pero los médicos no pueden encontrar la causa de la enfermedad.

Eso me pasó cuando era pastor. Durante un año sufrí dolor en el costado izquierdo. Los médicos nunca encontraban la causa. Cada vez que iba a sus clínicas no tenían un diagnóstico.

Un domingo el dolor fue tan intenso que no pude ir a la iglesia a predicar. Mientras la iglesia oraba por mí, un hermano me llevó de emergencia al hospital. Ingresé casi de rodillas. De inmediato, el médico supo que era la vesícula y me realizó una operación de emergencia que me salvó la vida.

Después, el médico le dijo a mi esposa que, si nos hubiéramos demorado una hora más, no estaría aquí para contarlo. El médico comentó que, al momento de la operación, no podía ver claramente dónde cortar, pues la vesícula estaba muy infectada. Sus palabras fueron: «No sabía dónde cortar, porque no se podía distinguir en dónde terminaba la vesícula y dónde comenzaba el estómago. Tuve que hacer un corte a ciegas; en realidad, fue un corte por fe».

Es increíble la influencia que el mundo espiritual tiene en el físico. Dios puede usar el conocimiento de los médicos para su gloria. De la misma manera, el diablo puede impedir que la bendición de un tratamiento llegue a los enfermos. En todo momento debemos recordar que nuestra confianza debe estar en el Señor y que Él usará los medios que desee para bendecir a sus hijos.

Otro problema que enfrentamos cuando Mercy estaba lista para salir del hospital fue que no podía irse a casa a menos que tuviéramos suficientes medicamentos para continuar con su tratamiento, y nosotros no teníamos ninguno. Las medicinas eran muy caras y tampoco teníamos dinero para adquirirlas.

Para nuestra sorpresa, una de las enfermeras llegó con un sobre en la mano. Dijo: «Las enfermeras que han estado atendiendo a Mercy han hecho una colecta y este dinero es para ayudar con los medicamentos». Lo mismo sucedió cuando un capellán del hospital, que nos había estado ayudando, llegó con la noticia de que el departamento de cuidado pastoral tenía una donación para ayudar con los medicamentos.

¡Aleluya! Con los medicamentos que nos dio el hospital y con esas donaciones, Mercy podía salir y contar con lo necesario para los próximos días.

La fiebre que inexplicablemente apareció, de la misma manera desapareció. ¡Gloria al Señor! Desde nuestros primeros años de matrimonio, una de las primeras lecciones que aprendimos con Ily fue confiar en que Dios proveerá para todas nuestras necesidades conforme a sus riquezas en gloria (Filipenses 4:19). Después de cuarenta años de matrimonio hemos visto la fidelidad de Dios en nuestro hogar, en nuestros hijos y en el trabajo pastoral que realizamos.

Al día siguiente llegó el endocrinólogo que atendía a Mercy y nos dijo que no podía ver su glándula pituitaria y que no estaban seguros de que la tuviera. Explicó que Mercy no producía las hormonas que su cuerpo necesitaba y que tendría que tomar siete medicamentos hormonales diferentes de por vida para crecer y vivir normalmente. El precio de esos medicamentos era exorbitante y, en ese momento, no estaban disponibles en nuestro país.

Al prepararnos para salir del hospital y viajar de regreso a Guatemala, descubrimos que esas medicinas especializadas solo estaban disponibles en Panamá y que el endocrinólogo más cercano para dar seguimiento al problema hormonal de Mercy se encontraba en Nicaragua.

Escuchamos la noticia, pero no la aceptamos. Inmediatamente comenzamos a declarar que Mercy no iba a necesitar ninguno de esos medicamentos hormonales para crecer y que no estaría atada a ellos de por vida. Nos enseñaron a medir las dosis y cómo darle a Mercy las hormonas. Todos los días, antes de darle las medicinas, orábamos y declarábamos que, por las llagas de Jesús, Mercita había sido sanada.

Después de un tiempo, los resultados de las pruebas endocrinológicas mejoraron. De las siete medicinas que el endocrinólogo le había recetado, le quitó dos, y desde entonces solo tomó cinco. Aprendimos lo que significaba vivir por fe y no por vista

(2 Corintios 5:7). No negamos las necesidades físicas de Mercita, pero, con los ojos de la fe, vimos a Mercy liberarse de la esclavitud de esas medicinas y no estar atada a ellas toda su vida. ¡Y Dios lo hizo!

Notamos que algunos medicamentos hacían que Mercy se sintiera decaída, sin energía y sin mucho movimiento. Los medicamentos le estaban haciendo más mal que bien. Seguimos pidiéndole a Dios un milagro creador en ella y comenzamos a ordenarle a su glándula pituitaria que funcionara con normalidad y produjera las hormonas que necesitaba. La cantidad de medicamentos que Mercy necesitaba se redujo de cinco a dos y, finalmente, no necesitó ninguno.

Mercy pudo disfrutar de una vida sin medicamentos para el crecimiento. Creció tanto que llegó a ser tan alta como su madre o quizás un poquito más.

Salimos del hospital un día antes de su primer cumpleaños. Nuestra alegría estaba en el punto más alto. Es un día que recordaré toda mi vida: fue muy emotivo. Los médicos y las enfermeras estaban muy felices de ver a Mercy muy recuperada y lista para regresar a casa.

Al día siguiente pudimos celebrar al Señor por la oportunidad de ver a Mercy cumplir su primer añito de vida. Cuando nació, los médicos dijeron que solo viviría tres meses, ¡pero la misericordia del Señor es para siempre! (Salmo 136).

Los doctores dijeron que uno en un millón de bebés nace con las condiciones médicas con las que Mercy nació. Para los médicos, su caso era especial y causó tal impacto en el hospital que dedicaron un artículo completo en su revista médica *Visions*: «Cuando Mercy es más que un nombre».

Además de eso, el canal 12 de televisión WXII realizó una entrevista y dedicó un segmento a la impresionante operación de Mercy y a su asombrosa recuperación, para transmitirla por toda la ciudad y los pueblos aledaños. Muchas personas pudieron ver y escuchar que todo es posible gracias al amor y la misericordia de Dios.

«Bendeciré siempre al Señor;

siempre habrá alabanzas hacia Él en mis labios.

Todo mi ser alaba al Señor.

Todos los que estáis tristes,

escuchad mi alabanza y alegraos.

Honrad al Señor conmigo;

exaltemos todos su nombre.

Porque consulté a Jehová y Él me respondió.

Él me salvó de todos mis miedos.

Los que vienen al Señor resplandecen de alegría,

nunca serán decepcionados.

Este pobre hombre pidió ayuda al Señor,

Él lo escuchó y lo sacó de todos sus peligros.

El ángel del Señor acampa alrededor de su pueblo fiel y lo protege.

Probad al Señor y ved qué bueno es.

Bienaventurado el que confía en Él»

(Salmo 34).

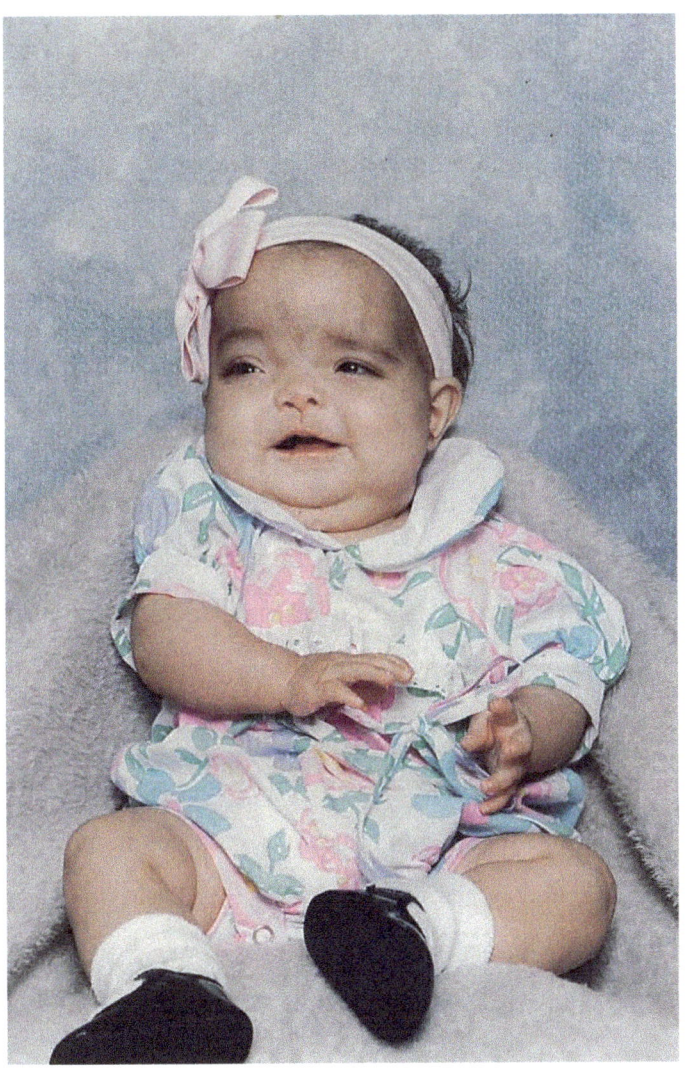

De vuelta a casa

La operación de doce horas de Mercy fue todo un éxito y ella se recuperaba bastante bien. Los médicos no lograron cerrarle el paladar por completo y dijeron que sería necesaria una segunda operación. Mercy se alimentaba con líquidos solamente y tenía dificultad para beber y respirar al mismo tiempo, lo que provocaba que se ahogara con mucha frecuencia.

La hora de regresar a casa había llegado. Quetzaltenango es la segunda ciudad en importancia económica de Guatemala. Está ubicada en un valle entre las montañas del occidente del país. La temperatura desciende considerablemente y muy rápido durante el día, por lo que se le considera la ciudad más fría del país.

Habíamos dejado a nuestros dos hijos en casa de sus abuelos y los extrañábamos muchísimo. Fue una separación muy dolorosa: Andy tenía seis años y Danny apenas dos. Recuerdo que, después de un mes sin estar juntos, al regresar a casa, Danny me llamó tío en lugar de papá, pero con mamá no tuvo ningún problema para reconocerla.

Ily, con sus cuidados amorosos, se aseguró de que nuestra familia y el hogar estuvieran bien atendidos. Yo regresé a mi trabajo como profesor de música en las escuelas de enseñanza media en la ciudad. En ese entonces, en nuestra ciudad no había servicios sociales ni terapias físicas como las que Mercy necesitaba. Sabíamos que ella requería una segunda operación y en nuestro corazón teníamos el deseo de que Dios nos permitiera viajar de nuevo a Carolina del Norte para ayudarla y que pudiera alimentarse normalmente. Con el tiempo, maduramos la idea y orábamos por dirección. Recibimos confirmación del Hospital Bautista de que podían realizar la segunda cirugía para cerrar el paladar.

Continuábamos orando y, al mismo tiempo, dando pasos de fe y planificando un segundo viaje. Los médicos nos aconsejaron que, después de la segunda operación, lo mejor para Mercy era quedarse en Estados Unidos el tiempo que fuera necesario para darle el seguimiento médico y las terapias necesarias. Incluso mencionaron la posibilidad de que Mercita asistiera a una escuela especializada para niños con necesidades especiales.

Otra vez, la idea era que solo Ily viajara con Mercy a Estados Unidos, mientras yo me quedaba trabajando y cuidando a los dos niños en Guatemala. Eso significaba separar a la familia por un tiempo indefinido. Consultamos al Señor en oración y pedimos dirección para estar en su perfecta voluntad. Sentimos en nuestro corazón que separar a la familia no era el deseo de Dios y, más aún, sabiendo que el tiempo de separación era incierto. El Señor confirmó nuestro deseo de mantener unida a la familia y comenzamos a planear un viaje que podría ser sin retorno, al menos no por mucho tiempo.

Recibimos la confirmación y la fecha en la que se realizaría la segunda operación. La noticia nos llenó de mucha alegría; Dios respondió nuestras peticiones, lo cual fue una muestra más de su misericordia. La Biblia dice que, así como viene el mal, Dios también provee la salida (1 Corintios 10:13). A medida que se acercaba la fecha de viajar, los planes se concretaban.

En cuanto pudimos, viajamos a la capital para completar un nuevo trámite de visa en la embajada estadounidense, pero esta vez la pedíamos para los cinco de la familia. Cómo olvidar ese día; siento como si hubiera sido ayer. Salimos de casa muy temprano en la madrugada y, después de un viaje de cuatro horas, llegamos a la embajada. Cuando llegamos, ya había una gran fila.

Nos formamos, cansados, con frío y con hambre, sin desayunar, desvelados, esperando. La fila avanzaba y finalmente entramos al edificio. Cuando nos llamaron, rápidamente caminamos a la ventanilla asignada y nos quedamos parados allí, tan nerviosos como la primera vez. Los cinco, esperando en silencio una respuesta; nuestro futuro y nuestros planes estaban a merced de la persona que estaba al otro lado del cristal.

La persona de la ventanilla nos miró. Hasta el día de hoy no sé qué vio. Nos hizo un par de preguntas y luego permaneció en silencio, pensativa. Inclinó la cabeza y dijo: «No sé por qué hago esto, pero sé que tengo que hacerlo». Seguidamente, con un gesto firme y un movimiento decidido, ¡procedió a sellar nuestros pasaportes! ¡Pan! ¡Pan! ¡Pan! ¡¡Nos dio las visas a los cinco!! Luego exclamó: «¡Siguiente!».

¡Qué maravilloso! Vimos la mano de Dios manifestarse una vez más, confirmando sus planes para nuestra familia. La misericordia de Dios cambió nuestras vidas para siempre.

Ahora teníamos, una vez más, que dar pasos de fe. La fecha del viaje se acercaba rápidamente y debíamos encontrar los medios para costearlo. Con gran tristeza decidimos vender las pocas cosas por las que habíamos trabajado tanto y que, como familia joven, habíamos podido conseguir: la lavadora, los muebles de la sala, el comedor, las camas, el televisor. Lo último que vendimos fue nuestro auto. Renuncié a mi posición como profesor de música en las dos escuelas secundarias donde trabajaba y a mi puesto como administrador en la iglesia a la que asistíamos.

Fue un momento muy difícil. Por un lado, estábamos felices de que Dios hubiera abierto las puertas para poder realizar la segunda operación que Mercy necesitaba y que los cinco pudiéramos viajar. Por otro lado, estábamos tristes porque eso significaba despedirnos de nuestras familias y amigos sin saber cuándo los volveríamos a ver.

El día que sus ojos fueron abiertos

Inmediatamente después de nuestra llegada a Estados Unidos, siguieron múltiples visitas de Mercy. Se calendarizó la segunda operación, la cual se realizó sin contratiempos. Después le hicieron varias evaluaciones y los médicos concluyeron que Mercy no respondía a los estímulos visuales y sospecharon que tenía problemas para ver. Decidieron hacerle un examen especializado de la visión.

El procedimiento confirmó sus sospechas y, como resultado, Mercy fue declarada legalmente ciega. Nos explicaron que, al nacer con paladar hendido, su cerebro no tenía base donde descansar y, al caerse a la boca, provocó que el nervio óptico de su ojo derecho no se desarrollara y que un quiste bloqueara la visión en el ojo izquierdo. También nos explicaron los riesgos de una cirugía ocular. Los especialistas consideraron que no valía la pena someter a la bebé a una operación tan delicada y que, incluso si la operaban, no había ninguna garantía de que pudiera ver.

Decidieron no operarla. ¿Se imaginan? Esa fue una noticia terrible, que nos llenó de gran tristeza. Los ojitos de Mercy constantemente se movían horizontalmente de un lado a otro sin parar. Los médicos ya habían dicho: «No podemos hacer nada», pero sabíamos qué hacer: creerle a Dios.

En Lucas 4, Jesús dijo: «El Espíritu del Señor está sobre mí, por cuanto me ha ungido para dar buenas nuevas a los pobres; me ha enviado a sanar a los quebrantados de corazón; a publicar libertad a los cautivos y vista a los ciegos; a poner en libertad a los oprimidos; a predicar el año agradable del Señor».

Jesús lo dijo, y decidimos confiar y creer en Dios por un milagro. Comenzamos a declarar las palabras de Jesús sobre los ojos de Mercita, leímos 2 Corintios 4:13 y comenzamos a confesarlo.

Empezamos a notar pequeños cambios. Su mirada se volvió más fija, tomaba objetos con las manos y los médicos también lo notaron. Decidieron hacerle una nueva prueba para evaluar su visión. Ese día, el especialista se sentó en la mesa y nos pidió que sentáramos a Mercy en la silla justo frente a él. Luego colocó una aguja en el centro de la mesa y dijo: «Mercy, recógela».

Sin dudarlo, Mercy extendió el brazo, lo dirigió al centro de la mesa, hacia donde se había colocado la aguja, y con dos deditos la levantó. Los ojos del médico brillaron y, al mismo tiempo, exclamó: «¡Increíble!». Con una gran sonrisa, celebró y felicitó a Mercita.

Supimos de inmediato que esto era la respuesta a nuestras oraciones. Jesús, en su gran amor, sanó los ojos de Mercita de la misma manera en que sanó a los ciegos durante su ministerio terrenal:

«Al salir de Jericó, una gran multitud seguía a Jesús. Dos ciegos estaban sentados junto al camino y, al oír que Jesús pasaba, gritaron: "¡Señor, Hijo de David, ten piedad de nosotros!". La gente los reprendía para que guardaran silencio, pero ellos gritaban aún más: "¡Señor, Hijo de David, ten piedad de nosotros!".

Entonces Jesús se detuvo, llamó a los ciegos y les preguntó: "¿Qué quieren que les haga?". Ellos le respondieron: "¡Señor, que se nos abran los ojos!". Jesús, compadecido, les tocó los ojos y, en ese mismo instante, recobraron la vista y lo siguieron» (Mateo 20:29-34).

Un nuevo comienzo

Durante este tiempo tuvimos la oportunidad de ser invitados y ministrar en varias iglesias del área, compartiendo las maravillas del amor y la misericordia del Señor que estábamos experimentando. Mi hermano Gustavo y su esposa fueron grandes instrumentos de bendición del Señor para nosotros. Nos recibieron en su casa, pero llegó el momento en el que teníamos que salir adelante y, como familia, necesitábamos tener nuestro propio lugar.

Tuvimos que enfrentar los desafíos de nuestra nueva vida. Estábamos en una nueva ciudad, no hablábamos el idioma ni conocíamos la cultura. No teníamos transporte propio y, lo peor de todo, no teníamos trabajo. ¡Fue un gran reto!

Empezamos a asistir a una iglesia en un pueblo cercano, donde ayudamos con la música y la alabanza. Nos ofrecieron ayuda con la que pudimos cubrir algunos de nuestros gastos. Los pastores también nos ayudaron a conseguir un apartamento que, poco a poco, fuimos amueblando. Winston-Salem es una ciudad muy diferente.

En aquel entonces, el transporte público no era una opción. No se podía ir a ningún sitio sin tener un medio de transporte propio, y nosotros tampoco teníamos el dinero para comprar un vehículo.

Unos años atrás, un predicador que vino a nuestra iglesia en Guatemala enseñó sobre la siembra y la cosecha financiera, basado en el pasaje de Malaquías 3:10: «Pruébame en esto, dice el Señor». Habló de la bendición de honrar a Dios con nuestros diezmos y ofrendas con fe.

Yo aprendí a diezmar desde los catorce años y, cuando Ily y yo nos casamos, decidimos ser fieles a Dios con nuestras finanzas. Recuerdo que, mientras escuchaba la enseñanza, propuse en mi corazón dar todo lo que tenía en el bolsillo. Cuando llegó el tiempo de dar, puse los únicos Q.50 quetzales (unos siete dólares estadounidenses) en un sobre como semilla para probar a Dios.

Cuando el predicador dijo: «Piensa en tu corazón qué cosecha quieres recibir de esta siembra», pensé en un automóvil. Sí, le pedí al Señor un carro. Había escuchado a varias personas testificar cómo el Señor usó a otros para regalarles un auto. Esa tarde le dije al Señor: «Quiero sembrar estos 50 quetzales para cosechar un auto». Entregué el dinero y eso quedó en el olvido. Nunca hubiera pensado que, años después, estando en Estados Unidos, recibiríamos la cosecha de esos 50 quetzales.

Un hermano de la Iglesia de Dios a la que asistíamos le dijo a mi hermano Gustavo que había sentido del Señor darnos su auto. ¡Dios mío! Era algo casi imposible de creer; estábamos experimentando una vez más la fidelidad de Dios y el cumplimiento de su Palabra en nuestras vidas.

Sin perder mucho tiempo, nos reunimos con el hermano y fuimos a recibir la bendición. Después de firmar los documentos, nos fuimos a casa conduciendo nuestro nuevo Chrysler sedán color crema. Es una experiencia que atesoro en mi corazón.

Años después, cuando estábamos pastoreando, pudimos hacer lo mismo con una familia de nuestra iglesia. Les donamos nuestra camioneta Ford Escort color verde. Estos hermanos ahora son pastores, nos han mostrado su gratitud y siguen siendo de bendición para nosotros.

«Bendice, alma mía, al Señor,

y no olvides ninguno de sus beneficios»

(Salmo 103:2).

Con el tiempo, aprendimos a movernos por la ciudad. Los fines de semana nos subíamos a nuestro Chrysler y salíamos a conocer los barrios. Recuerdo que nos perdimos muchas veces, pero siempre encontramos el camino de vuelta a casa. Eran los tiempos antes del GPS y de los teléfonos celulares.

Mercy continuaba mejorando. Después de unos meses nos dimos cuenta de que no podía sentarse por sí sola ni mantenerse de pie sin ayuda, como cualquier niña de su edad lo hace. Fue necesario que recibiera fisioterapia y terapia muscular.

En una de nuestras salidas de fin de semana fuimos al supermercado a hacer las compras. Ily llevaba a Mercy en brazos y la bajó para que se parara agarrándose de los estantes, mientras ella alcanzaba algunos artículos. De pronto, Mercy se soltó. Nos asustamos, pensando que se iba a caer, pero, para nuestra sorpresa, empezó a caminar solita, sin que alguien la sostuviera de la mano.

Esto era algo que nunca había hecho. Nos quedamos paralizados. Mercy no podía sentarse sola ni mantener el equilibrio de pie y ahora verla caminar fue sorprendente, una emoción que no se puede describir. La fisioterapia estaba dando sus frutos y, desde ese día, nunca dejó de caminar.

Lágrimas de alegría rodaban por nuestras mejillas. Sus piernas eran frágiles, pero vimos en su rostro la satisfacción que sentía al caminar. No recuerdo cuánto tiempo estuvimos en la tienda ese día, pero fue una experiencia extraordinaria, un día que atesoramos en nuestro corazón.

No hay satisfacción más grande para unos padres que ver a un hijo dar sus primeros pasos. ¿Se imaginan la alegría que sentimos al ver un milagro más en la vida de Mercy? Antes de ese día, no podía mantenerse en pie y, mucho menos, caminar sola; incluso se nos había sugerido obtener una silla de ruedas para ella.

En el fondo de nuestro corazón decidimos que una silla de ruedas para nuestra hija no sería una opción. Algo que nos impresionó al llegar a Estados Unidos fue ver el beneficio y la protección que las personas con dificultades para caminar reciben de las leyes y regulaciones que existen en el país. Eso no lo teníamos en Guatemala en ese tiempo.

Pero, aun a pesar de tener esas ventajas y consideraciones, constantemente rechazamos en oración la idea de que Mercy estuviera atada a una silla de ruedas por el resto de su vida. Por la fe en el nombre de Jesús, Mercy recibió sanidad en sus piernas ese día. Dios concedió el deseo de nuestro corazón. ¡Verdaderamente nuestro Dios es un Dios misericordioso!

«Por la fe en su nombre, es el nombre de Jesús el que ha fortalecido a este hombre que ven y conocen. La fe que viene a través de Jesús ha dado esta sanidad perfecta en presencia de todos ustedes» (Hechos 3:16).

Mientras servíamos en el ministerio de música en aquella primera iglesia que nos recibió, nos contactó una pareja de misioneros bautistas. Por muchos años sirvieron como misioneros en Guatemala y nos invitaron a colaborar con ellos para fundar una iglesia en español.

Lo mismo ocurrió con una familia procedente de México. Se enteraron de nuestro trabajo en la obra del Señor y nos pidieron que fuéramos a su pequeña congregación para ayudarlos.

Un día conocimos a una preciosa pareja de hermanos de Colombia, Sudamérica. Nos contaron que se habían mudado de Nueva York a Carolina del Norte y estaban buscando un pastor para plantar una iglesia de la Alianza Cristiana y Misionera. Habían iniciado reuniones unos años antes, pero por varias razones la obra no prosperó y el proyecto se detuvo.

Con mucha alegría aceptamos la invitación. Comenzamos reuniones en español, organizando luego la Iglesia Alianza Cristiana de Winston-Salem. El Señor nos permitió tener un programa semanal en televisión y radio. La nueva obra prosperaba; muchas familias fueron añadidas y la presencia de Dios se manifestaba.

A medida que la iglesia crecía, también crecían los problemas. Nos reuníamos en el edificio de la iglesia americana y empezamos a sentir las limitaciones de espacio y uso de las facilidades. Además, líderes que venían de otras congregaciones querían replicar la iglesia de donde procedían.

Uno de los problemas más notables fue el crecimiento mismo de la obra. Era un buen problema, pero necesitábamos encontrar un edificio para que la nueva iglesia funcionara con todos sus ministerios. Recibí oficialmente mis credenciales como ministro ordenado y, después de unos años, logramos adquirir un terreno de once acres.

La propiedad contaba con una pequeña casa que acomodamos como oficina y aulas, y transformamos un pequeño granero en un hermoso templo.

Todo marchaba bien. Personas venían y eran salvadas, y otras recibían sanidad. Un domingo, durante el tiempo de la alabanza, una mujer empezó a gritar: «¡Puedo ver, puedo ver las letras en la pantalla!». Durante el culto proyectábamos las letras de los cantos y, según testificó después, dijo que era ciega y que fue sanada mientras adoraba al Señor.

Pero la presión de un ministerio en crecimiento comenzó a sentirse. Cuidar de la congregación y, al mismo tiempo, supervisar la construcción del templo era una tarea muy exigente. Establecer la nueva iglesia requirió mucho esfuerzo; sumado a eso, iniciamos un Instituto Bíblico en nuestras instalaciones.

El ataque del enemigo también aumentó y los problemas comenzaron a sentirse. La iglesia se estableció y prosperó. El Señor nos permitió servir a su pueblo y experimentamos un período de avivamiento y de renovación espiritual durante los siguientes diecisiete años.

Tiempo de desolación

La Biblia dice en 2 Timoteo 3:12: «Todos los que quieran vivir piadosamente en Cristo Jesús padecerán persecución».

Cuando sirves a Dios, no eres inmune a los ataques del enemigo. El diablo usará las circunstancias y a las personas para robar, matar y destruir la obra de Dios.

En aquel entonces nos invitaban a las iglesias para compartir los milagros de Dios en la vida de Mercy, y veíamos los resultados en la vida de las personas.

Es normal que en un grupo o comunidad surjan diferencias y problemas (eso ocurre incluso en las mejores familias). Enfrentamos y superamos diversos tipos de conflictos en el ministerio, pero ahora era diferente: notamos oposición, muchas críticas y descontento sin una razón aparente. Se podía sentir en el ambiente espiritual que algo no estaba bien.

Cuando Misericordia es más que un nombre

Uno de los ataques más sutiles que el enemigo usa contra los creyentes es el desánimo: ver que las cosas no salen como uno lo desea, la decepción que producen las injusticias y la ingratitud de las personas cuando se les ha servido con amor y sin pedir nada a cambio.

Mercy ya asistía a la escuela primaria. Los informes que recibíamos de los maestros en cada reunión escolar no eran alentadores. Psicólogos y trabajadores sociales no nos daban buenos reportes y parecía que el desarrollo de Mercita se había estancado. Siempre salíamos de esas reuniones un poco abatidos y con desconcierto.

El enemigo comenzó a atacar mi mente, sembrando duda e incredulidad. En la iglesia causó divisiones; en tres ocasiones diferentes, líderes dejaron la congregación y se llevaron miembros con ellos. Me sentía física y emocionalmente cansado, también espiritualmente agotado.

Hablé de esto con el supervisor del distrito encargado de supervisar nuestra iglesia y le pedí que me dieran un tiempo sabático. Necesitaba un descanso. Ellos podían enviar otro pastor, pero mi petición fue ignorada y no hicieron nada.

Por otro lado, la municipalidad de la ciudad dijo que era necesario modernizar y renovar los edificios de la iglesia: el santuario, el salón de comunión y la casa en donde funcionaban las aulas y oficinas. Advirtieron que, si no lo hacíamos, clausurarían el lugar y no nos permitirían usar las instalaciones, ni temporal ni permanentemente. La oficina de la denominación a la que pertenecía nuestra iglesia respondió a nuestra solicitud de ayuda para remodelar los edificios demasiado tarde.

Los ancianos y líderes de la iglesia también empezaron a tener problemas familiares y algunos de sus matrimonios se vieron gravemente afectados. En pocos años, la congregación había crecido tanto que se convirtió en la iglesia hispana más grande y poderosa de la ciudad, y estoy seguro de que el diablo intensificó su ataque contra ella. Aprovechó el momento frágil y vulnerable en el que me encontraba y lanzó su ataque letal contra el liderazgo. Al atacar a la cabeza, atacó al cuerpo de la iglesia.

El ataque fue tan fuerte que estuve a punto de perder mi matrimonio y mi familia. Me acusaron de todo lo que suelen acusar a los pastores y ministros. No creo que sea necesario profundizar en el tema, pues no beneficia a nadie publicar las obras del diablo.

Al final, la ciudad suspendió las actividades de la iglesia en esos edificios y la congregación tuvo que reubicarse. El destructor, con su fuerza devastadora, causó muchísimo daño espiritual. Mi esposa y yo decidimos dejar de servir tiempo completo en el ministerio e iniciar un período de restauración familiar.

«Bienaventurados los misericordiosos…» (Mateo 5).

Misericordia es tener compasión por quienes están sufriendo. Es un regalo que se da gratuitamente a quienes no merecen recibirlo. La misericordia brinda perdón y no castigo a los que han causado un daño. La misericordia es un atributo de Dios; es un aspecto de su carácter, es su esencia. Dios es misericordioso (Salmo 103:8).

Él también es justo y recto, y cuando el castigo es bien merecido, su misericordia ofrece gracia y perdón. Se dice que la gracia es cuando recibes lo que no mereces, mientras que la misericordia es cuando no recibes lo que sí mereces.

Durante los últimos años he conocido y experimentado la gracia y la misericordia del Señor, expresadas a través del amor de mi esposa y de mis hijos. Es un amor puro y sincero, un amor paciente que no busca lo suyo, que no guarda rencor, un amor que perdona, que restaura, un amor verdaderamente misericordioso.

Como creyentes, debemos perdonar a quienes nos han hecho daño o nos han fallado. La frase «El ejército de Dios es el único que dispara a sus propios soldados» cobra vida cuando los miembros del cuerpo de Cristo que sufren y han fallado no reciben compasión, sino todo lo contrario: críticas, aislamiento y falta de apoyo espiritual de la iglesia.

Mateo 5:7 dice: «Bienaventurados los misericordiosos, porque ellos alcanzarán misericordia».

Lucas 6:36 nos recuerda: «Sed misericordiosos, como vuestro Padre es misericordioso».

Después del terremoto que sacudió a nuestra familia, Dios trajo sanidad a nuestro hogar. Fue muy difícil para nuestros hijos superar las crisis y presiones que produjo el ministerio pastoral en el que crecieron, lo cual los afectó profundamente.

Los llevamos muy jóvenes de nuestro país a tierras lejanas y desconocidas. Crecieron sin la seguridad y la protección que brinda estar rodeados del amor de abuelos, tíos, primos y familiares en general. Para ellos, los hermanos de la iglesia eran familia, y era muy difícil comprender cómo la familia del Señor podía ser tan cruel e ingrata cuando más se les necesitaba.

Ahora han madurado, son profesionales y buenos cristianos que sirven al Señor cada uno en su círculo de influencia.

Mateo 7 cuenta la historia de dos hombres que construyeron su casa. Cuando cayeron las lluvias torrenciales y crecieron los ríos, los fuertes vientos azotaron la casa, pero una de ellas no se derrumbó porque tenía una roca como cimiento.

La Biblia dice que Jesús es la roca y que Él es la misericordia del Padre hecha carne. Si tu hogar está fundado en Jesús, es decir, tiene como cimiento la misericordia, tu familia y tu matrimonio resistirán cualquier ataque que venga en su contra, y tu casa se convertirá en una «Betesda», una casa de misericordia.

Alegría en medio de la adversidad.

La vida en este mundo no es fácil para nadie. Mercy superó los obstáculos que parecían imposibles de vencer. Rompió barreras y traspasó lo que la limitaba. Siempre mostró buena actitud y nunca se quejó. Cada día nos esforzamos para que su vida fuera lo más normal posible. Su fuerza de voluntad y resistencia eran admirables. Estoy convencido de que gozaba de una fuerza sobrenatural que venía de la mano de Dios.

La salud de Mercita continuó mejorando día a día y los cambios en su personalidad y apariencia física eran notorios. Muchos de los problemas y tics nerviosos que tenía de bebé desaparecieron. Terminó la primaria y luego se graduó de la escuela secundaria.

Cuando regresaba a casa por la tarde, después de la escuela, antes de bajarse del bus, asomaba primero la cabeza por la puerta para asegurarse de que Ily estuviera ahí en la entrada esperándola.

Luego descendía y corría muy feliz a los brazos de mamá. Gracias al amor, los cuidados y la atención incondicional de Ily, Mercy logró ser independiente en muchos aspectos de su vida. Estoy eternamente agradecido por mi esposa, quien sacrificó su carrera profesional y otras ambiciones personales para cuidar de Mercy y de nuestros dos muchachos.

Mercy era una niña feliz. Siempre estuvo rodeada y protegida por el amor de sus hermanos, quienes la colmaron de besos, abrazos y muchos regalos en Navidad y en su cumpleaños. Le costó adaptarse a la idea de ver a sus hermanos crecer y tener sus propias vidas.

Todos los años viajábamos para ministrar y también para tomar vacaciones. Recorrimos toda la costa este de Estados Unidos. Cuando viajábamos en automóvil, mi esposa y yo íbamos en el asiento delantero y, en el asiento de atrás, Mercy se sentaba en medio de sus dos hermanos.

La playa era uno de sus destinos favoritos. Disfrutaba de la comodidad de los hoteles y el agua caliente del jacuzzi era esencial siempre que buscábamos dónde quedarnos. De ahí nació una tradición familiar: cada año, para el cumpleaños de Mercy, celebrábamos en la playa, en un hotel con jacuzzi y en un restaurante elegante.

Con el tiempo, llegó el momento en que Andy conducía su propio carro. Entonces, cuando Mercy veía el asiento vacío que él dejaba, preguntaba por él y se ponía triste. Lo mismo ocurrió cuando le tocó el turno a Danny de manejar también su propio automóvil. A Mercita le costó mucho acostumbrarse a viajar sola en el asiento trasero, sin la compañía de sus hermanos mayores, quienes le hablaban, jugaban con ella y la cuidaban. A nosotros como padres también nos costó acostumbrarnos a la idea de que siempre íbamos cinco y ahora éramos solamente tres.

Un día le dije a Ily: «Le compramos a los niños su primer carro y, como Mercita ya está en edad de conducir, deberíamos regalarle también su propio auto». Fuimos al concesionario y me enamoré de un Mercedes Benz C240 dorado. Era un sedán compacto de lujo, totalmente eléctrico, con asientos de cuero color canela, muy suave y cómodo. Le dije a mi esposa: «Ese Mercedes sería genial para Mercy; además, el nombre de Mercy y la marca del carro, Mercedes, significan lo mismo». Mi esposa me miró y dijo: «¡Ajá, sí claro! ¡Cómo no!», y nos reímos. Ambos sabíamos que no sería Mercy quien lo conduciría, así que le dije: «Yo me ofrezco de voluntario para manejar siempre el Mercedes por ella».

Mercy nunca pudo pronunciar frases completas, pero la conexión especial que existía y se desarrollaba entre madre e hija era excepcional. Un día, en una reunión de la escuela, Ily notó que Mercita sonreía como solía hacerlo cuando veía algo que le llamaba la atención. Le preguntó: «¿Te gusta ese chico, verdad?». Mercy simplemente se rió, sacudió sus trenzas e inclinó la cabeza, bastante apenada.

Ily y Mercy tenían una conexión especial que le permitía a mi esposa entender todo lo que Mercita necesitaba, quería o buscaba. Su espíritu era dócil, gentil y angelical. Sabíamos que no era la chica más atractiva del pueblo, pero para nosotros era la persona más bella del mundo.

Cuando estábamos en lugares públicos, era muy difícil ignorar que los niños se quedaban mirándola fijamente como si vieran algo extraño. Nosotros disimulábamos y hacíamos como que nada pasaba, comprendiendo que era la curiosidad natural de los niños. Aprendimos a vivir con eso. Cada vez que teníamos la oportunidad, les presentábamos a Mercy a las personas que la miraban, para que la conocieran y hablaran con ella.

Estábamos muy orgullosos y aprovechábamos cualquier ocasión para compartir los milagros en su vida. Nunca la ocultamos ni nos avergonzamos de ella. Sabíamos con cuánta valentía enfrentaba los retos y las adversidades desde que nació. Su vida fue un verdadero milagro y hablar de ello nos llenaba de alegría. Estábamos orgullosos de sus logros y eso alimentaba nuestra fe. Cada día veíamos algo nuevo en ella; hacía cosas que antes no podía hacer. Dios seguía obrando en su vida y estábamos convencidos de que Él completaría la obra que había comenzado (Filipenses 1:6).

Debido a la condición médica con la que nació, Mercy no podía usar los dientes para masticar. Su dieta consistía únicamente en alimentos blandos como purés y líquidos. Los injertos de hueso en su paladar y una pequeña fisura que nunca cerró afectaron su alimentación. A pesar de las terapias ocupacionales y de nutrición, su dieta se componía principalmente de líquidos, yogur, licuados de verduras y frutas, y especialmente de su helado favorito.

Con el amor y el cuidado de mamá, aprendió a usar la cuchara y a comer alimentos sólidos. Una de las muchas cosas por las que agradecemos a Dios es que Mercy nunca se quejó de problemas dentales. ¡Gloria a Dios!

Mercy creció sana y sabemos sin ninguna duda que fue nuestro Padre Celestial quien sostenía su vida.

El 4 de julio, día de la Independencia de Estados Unidos, y la Navidad eran muy difíciles de celebrar en familia. Los fuegos artificiales, los cohetes y las explosiones repentinas hacían que Mercy reaccionara con mucho miedo y se agitara. Descubrimos que los ruidos fuertes, como el estallido inesperado de un globo en una fiesta de cumpleaños, la angustiaban mucho.

En algunas ocasiones tuvimos que irnos antes de que terminara el evento, para que no sufriera y pudiera calmar su ansiedad. Buscamos consejo médico en varias ocasiones, pero nunca pudieron ayudarla ni determinar la causa de esas reacciones. Con paciencia y haciéndole sentir la seguridad que necesitaba, logró relajarse y recuperar la confianza.

El poder de la alabanza y la adoración

Ir a la iglesia era una de las actividades favoritas de Mercy. Cuando nos preparábamos para ir a otros lugares, mamá le preguntaba si quería ir. Si no le interesaba, bostezaba y respondía que no; pero, para ir a la iglesia, nunca se negaba.

Disfrutaba mucho del tiempo de alabanza y adoración y, aunque no podía pronunciar ni leer las letras de las canciones, por su expresión facial y corporal se podía notar que su espíritu se regocijaba en la presencia del Señor.

Mercy creció en un ambiente musical. Siempre estuvo presente en los ensayos del grupo de alabanza en la iglesia. Para el Día del Padre, Andy y Danny se organizaron y grabaron un video donde cada uno tocaba un instrumento diferente; Mercy tocó la percusión. ¡Fue algo hermoso! Es uno de los mejores regalos del Día del Padre que he recibido y disfruté cada segundo.

Andy y Danny fundaron SOL, una banda de música. Siempre que íbamos a sus conciertos, a Mercy le encantaba ver y escuchar a sus hermanos tocar y cantar.

Inspirando a otros
a una fe más profunda

La historia de Mercy no solo es un testimonio de su lucha, sino también una inspiración para quienes enfrentan desafíos similares. Nos muestra que, con fe en Dios, apoyo y dedicación, es posible superar las mayores dificultades de la vida y encontrar la belleza incluso en las circunstancias más difíciles.

A Mercy le encantaba viajar. Uno de los primeros viajes que hicimos por tierra fue a Saint Paul, Minneapolis. Fue un trayecto largo de casi dos días por carretera. Algo que nos sorprendió fue que a Mercita no parecían afectarle las largas horas de viaje. Nunca se quejó ni le importó el cansancio. Siempre se mostró muy tranquila y relajada.

En uno de nuestros viajes ministeriales a Nueva York, después de más de doce horas de camino, llegamos al lugar donde se celebraban las conferencias ya muy tarde. Nos dirigimos al comedor para comer algo, pero el tiempo de la cena había terminado y la cocina estaba cerrada. Una de las personas que atendía el lugar aún estaba presente y nos ofreció café y galletas. Nos hizo algunas preguntas sobre nuestra familia, e Ily comenzó a compartir el testimonio de lo que Dios había hecho en la vida de Mercy. La mujer escuchó atentamente cada detalle y quedó cautivada por la historia. Como ya era muy tarde, le dimos las gracias por el cafecito y nos fuimos a descansar a nuestra habitación.

El evento al que asistíamos duró tres días. El último día, después de preparar nuestro equipaje, fuimos al comedor a desayunar para luego emprender el viaje de regreso a casa. Allí nos encontramos con la misma joven que nos había recibido la primera noche, con quien Ily había compartido. Se acercó a nosotros y notamos en su mirada algo de tristeza. Le entregó un sobre a Ily, la abrazó y nos despedimos de ella.

Ya en el camino, Ily abrió el sobre. Dentro había una tarjeta en la que le agradecía haber compartido el testimonio de Mercy. En ella explicaba que hacía unos años había perdido la fe y estaba peleada con Dios. La tarjeta, escrita a mano, decía: «Gracias por ayudarme a creer de nuevo. Después de la conversación que tuvimos, me reconcilié con Dios y ahora tengo mucha paz en mi alma como no la había sentido antes».

Es imposible contar aquí todas las veces que personas se acercaron para compartirnos cómo la vida de Mercy tocó sus corazones sin que ella dijera una palabra.

Un día difícil de olvidar fue cuando salimos un sábado a dar una vuelta y fuimos a un lugar para distraernos. Allí una banda animaba el ambiente. Sabíamos que a Mercy le encantaba la música, así que nos sentamos unos minutos muy cerca para escuchar. De pronto, el cantante bajó del escenario y se sentó junto a Mercita para dedicarle una canción. Al terminar de cantar, nos dijo: «Gracias por la oportunidad de cantarle a su hija. Me hizo sentir algo que nunca había sentido. No sé exactamente qué es, pero de lo que sí estoy seguro es que Dios los trajo aquí hoy».

A lo largo de los años, Mercy demostró una fortaleza física y emocional admirable, y fue una muestra de que era Dios quien sostenía su vida. A pesar de que los médicos dijeron que solo viviría tres meses al nacer, Dios nos permitió disfrutarla un poco más de treinta años.

Después de aquella primera operación milagrosa que le cambió la vida, nunca volvió a ser internada en un hospital ni regresó por alguna situación de gravedad que pusiera en riesgo su vida. La mano de Dios la cubrió y protegió incluso durante la pandemia del COVID-19, que cobró la vida de más de siete millones de personas en todo el mundo. Mercy es un ejemplo vivo de lo que significa experimentar la salud divina.

A pesar de enfrentar circunstancias que limitaron su presencia en este mundo, se convirtió en un símbolo del amor y de la misericordia de Dios. Todos los que la conocieron y tuvieron contacto con ella fueron conmovidos por su ternura y su espíritu bondadoso.

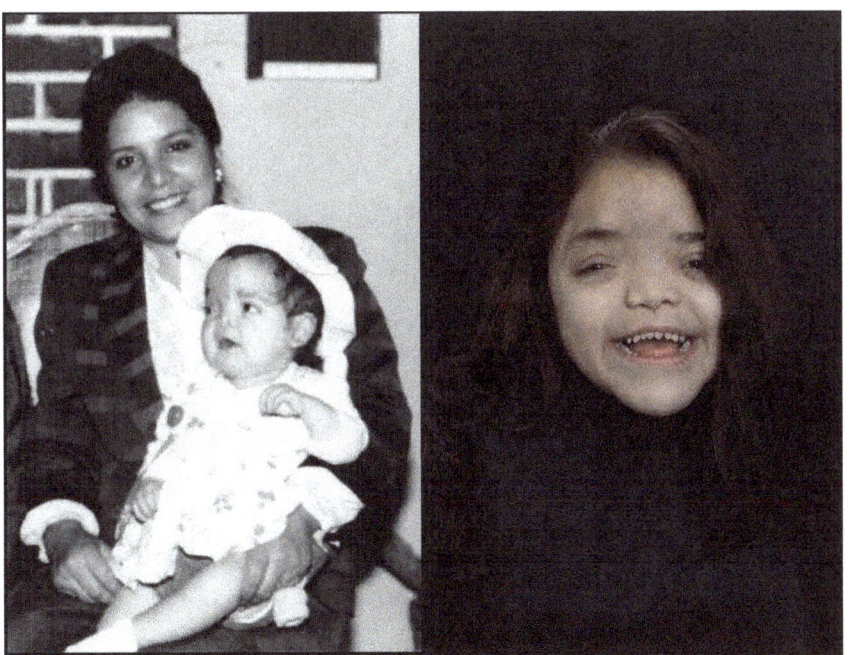

Dador de vida

Después de un alegre y muy bendecido fin de semana, Mercy se despertó el lunes con fiebre. Ily la atendió y la cuidó con mucho amor, como siempre lo hacía cuando tenía un resfriado o fiebre. Esta vez la fiebre no le bajaba y era persistente. Mercita comenzó a tener dificultad para respirar, así que la llevamos de inmediato a la emergencia del hospital más cercano.

Después de evaluarla, los médicos dijeron que su estado era muy delicado y que debía quedarse y pasar la noche en el hospital porque necesitaba asistencia respiratoria. Mientras hacían los preparativos, nos dirigimos a una pequeña sala de espera a orar.

Después de unas horas llegó el médico a hablarnos. Por su semblante se podía notar que estaba preocupado. Con un tono de voz inquietante nos dio la alarmante noticia: «Los pulmones de Mercy están infectados con VRS». Nos explicó que era una infección respiratoria similar a la neumonía y que no existía tratamiento para esta afección, sino que solo debíamos esperar a que las defensas del cuerpo combatieran la infección. Al llegar la noche, trasladaron a Mercita a la Unidad de Cuidados Intensivos.

No hay palabras que puedan expresar lo que sienten los padres al ver sufrir a sus hijos y no poder hacer nada. Los médicos dijeron: «Mercy está grave y es posible que no sobreviva esta noche. Prepárense para lo peor».

¡Dios mío! ¡Dios mío! Escuchar esas palabras fue como sentir una espada traspasando el corazón. Pero nosotros sabíamos qué hacer. Inmediatamente contactamos a nuestra familia, a la familia de fe y a pastores amigos para pedir oración.

«¿Está alguno enfermo? Llame a los líderes de la iglesia para que oren por él y lo unjan con aceite en el nombre del Señor. La oración del justo es poderosa y eficaz» (Santiago 5:14-16).

¡Todo sucedió muy rápido! Horas antes, Mercy estaba cantando y alabando al Señor en la iglesia, y ahora estaba en la cama del hospital debatiéndose entre la vida y la muerte.

Amaneció y, después de un par de días, los médicos dijeron que, si Mercy salía del hospital después de la situación en la que se encontraba, su calidad de vida no sería la mejor. No había nada más que nosotros pudiéramos hacer, excepto seguir orando y confesando la Palabra.

Nunca dejamos de creer que Mercy saldría del hospital completamente restaurada. Pastores y hermanos en Cristo vinieron al hospital a orar y a ofrecernos el apoyo espiritual que necesitábamos. Muchas personas estaban intercediendo por Mercy en oración.

Esta vez no recibimos «palabras de fe». Nadie nos dijo que creyéramos y esperáramos un milagro. Esta vez, la voz y la guía del Espíritu Santo fueron diferentes.

Fue una palabra de sabiduría y conocimiento. Nuestro pastor, el doctor J. B. Whitfield, un hombre de gran fe y a quien respetamos profundamente, nos dijo: «Mercy necesita un milagro creativo de Dios, y si Él quiere hacerlo, lo hará. Si no lo hace, es hora de permitir que Mercita regrese al Padre».

Nos humillamos delante de Dios con todo nuestro corazón y le pedimos que nos mostrara su perfecta voluntad. Él conocía nuestro corazón y lo que Mercy significaba para nosotros. En ningún momento dudamos de que Dios la levantaría del estado en el que se encontraba en ese hospital.

Fueron días espantosos, emocional y mentalmente muy difíciles. En verdad, un tiempo turbulento para nuestra familia. Fue un tiempo para oír y depender de la soberana y perfecta voluntad de Dios.

«Él es el creador de todo lo que existe, lo que se ve y lo que no se ve, sean tronos, sean dominios, sean principados, sean potestades; todo fue creado por medio de Él y para Él. Y Él es antes de todas las cosas, y en Él todas las cosas subsisten» (Colosenses 1:16-17).

Él es dador de vida. Dios sabe quién nace y quién va a morir. Porque todo proviene de Él, existe por Él y para Él. ¡A Él sea la gloria por siempre! Amén.

Celebrando la Misericordia de Dios

Aquella mañana del mes de marzo, el frío del invierno se sentía más intenso de lo normal. Los médicos nos dijeron que lo que más temíamos podía ocurrir en cualquier momento, así que corrimos de inmediato a la habitación 268, donde Mercita se encontraba en la UCI.

Estábamos allí de pie, rodeando su cama: su madre, sus hermanos y yo, petrificados. El sonido de un canto de alabanza que se elevaba hasta el cielo se mezclaba con las alarmas de las máquinas y los ruidos de los dispositivos médicos. El tiempo parecía haberse detenido. Un silencio reverente reinó en el lugar.

Mis ojos llorosos miraban fijamente la pantalla que monitoreaba su corazón. Esos segundos se hicieron eternos; mi mente viajó como en un trayecto sin retorno hacia la eternidad a una velocidad vertiginosa. Tras una cuenta regresiva, el corazón de Mercita dio su último latido en este mundo al mismo tiempo que daba su primer respiro en Gloria.

Comprendimos que era una cita divina. Sabíamos que Mercy vino de Dios y que era el momento de regresar a Dios. Permitimos que fuera Él quien decidiera, y Él decidió. Le dijimos que fuera Él quien tuviera la última palabra, y Él mostró su perfecta voluntad.

«Desde la eternidad hasta la eternidad yo soy Dios.

Nadie puede arrebatar a nadie de mi mano.

Nadie puede deshacer lo que yo he hecho»

(Isaías 43:13).

Aun reconociendo con nuestra mente esta verdad, nuestros corazones nunca estuvieron listos ni preparados para la gran tristeza que experimentamos. Lloramos con gran llanto ese día, pero no como los que no tienen esperanza. Ese sufrimiento y congoja emocional no se supera nunca; solo aprendes a vivir con ello.

Es el Espíritu Santo quien viene y venda tus heridas, y es cuando permites que la paz que sobrepasa todo entendimiento reine en tu corazón. «Él sana a los que tienen roto el corazón y les venda las heridas» (Salmo 147:3).

Dios le dio vida a Mercita y había llegado la hora de su cita divina para que regresara a su Padre Celestial. Dios era capaz de levantarla de esa cama y sanarla, pero la amó tanto que no quiso que sufriera más en este mundo caído y hostil en el que vivimos.

Mercy recibió completa sanidad y fue promovida a ese lugar celestial en donde no existe la enfermedad, donde no hay muerte, ni luto, ni llanto, ni dolor (Apocalipsis 21:4).

Ahora entendemos, por medio del Espíritu Santo, que la partida de Mercy fue un acto de amor del Padre Celestial hacia ella.

Celebracion de una vida bien vivida

Nombramos a nuestra hija Mercy en honor a la eterna misericordia de Dios. Ella fue un regalo para nosotros, envuelto en el amor y la bondad de Dios. Mercita disfrutó de una relación íntima y muy personal con Él.

Por las noches, antes de dormirse, la escuchábamos orar y hablar con Dios. Algunas veces, a la hora de comer, le pedíamos que orara por los alimentos, lo cual hacía con mucha dulzura de espíritu y con un corazón limpio. Nunca perdió su inocencia. Nunca hizo lo malo; no supo lo que era odiar a alguien, herir a otros, maldecir ni vengarse. Siempre tuvo la pureza a la que se refiere Jesús cuando nos pide que seamos como niños para entrar en el reino de los cielos (Mateo 18:3).

Por las palabras de Jesús en Juan 11:25: «Todo aquel que vive y cree en mí no morirá», entendemos que Mercita vive y está gozándose en el cielo.

Un día antes de su partida, Andy, mi hijo mayor, tuvo una visión. La escena en la visión era majestuosa, celestial. Vio que Mercy estaba allí, rodeada de ángeles, hermosa, de pie frente a Jesús, quien tenía una corona de oro en sus manos. Luego Andy vio a Mercy inclinarse y ser coronada por Jesús. Esa experiencia nos llenó de paz y alegría, pues nos da la seguridad de que Mercy vivirá eternamente coronada de gloria.

Mercy Ileana Solís Ruano regresó al hogar celestial. Su vida fue un reflejo de la paz de Dios, de su amor inquebrantable y de su infinita misericordia.

A pesar de los grandes desafíos médicos que parecían imposibles y de los diagnósticos adversos que recibió al nacer, su vida superó todas las expectativas y fue sostenida sobrenaturalmente por el Dador de la vida.

Mercy se graduó de la secundaria, conquistó las majestuosas Cataratas del Niágara y uno de sus grandes logros fue celebrar la bienvenida del Año Nuevo en Times Square, Nueva York.

Mercita encontraba alegría en los placeres sencillos de la vida: ya fuera un ponche de frutas bien frío, disfrutar de una malteada en el jacuzzi de un elegante hotel o saborear unas deliciosas y crujientes papas fritas en uno de sus restaurantes favoritos.

Viajar a un hotel, ir a la playa y sentarse a la mesa con su familia eran experiencias que disfrutaba muchísimo. Las noches de cine en casa con palomitas recién hechas eran una tradición que siempre esperaba con ansias.

Lo que más la llenaba era cantar, aplaudir y bailar durante los momentos de alabanza y adoración. Muchos nos han contado cómo su alabanza genuina y exuberante los movía y animaba a una adoración más profunda.

Mercy reflejó el corazón bondadoso de Dios, un ejemplo de una vida alegre y contagiosa, de paz y paciencia para soportar las pruebas, de bondad y de una fe que prevalece (Gálatas 5:22-23).

Los abrazos de Mercita, su dulce sonrisa y sus besos inocentes han dejado una huella imborrable en la vida de aquellos que la conocieron y se cruzaron con ella en el camino. Su vida fue sobrenatural y sigue siendo un faro de esperanza y una muestra del amor y del poder de Dios.

La bella y dulce Mercita deja un legado de amor incondicional. Es un ejemplo de resistencia ante las adversidades y tragedias de la vida.

«¡Oh, dad gracias al Señor, porque Él es bueno!

Porque para siempre es su misericordia»

(Salmo 136).

Nuestra Bendita Esperanza

La palabra «esperanza» no significa incertidumbre, como diciendo «espero que algo pueda ocurrir». Más bien, es la seguridad de que algo va a ocurrir. La «bendita esperanza» es, pues, la gozosa seguridad de que Jesús regresará.

Estamos esperando que eso suceda. Jesús dijo que regresaría (Juan 14:3). Jesús puede regresar en cualquier momento por nosotros, los que hemos creído en Cristo. Este evento se llama el rapto. Será anunciado por la voz del arcángel y el toque de trompeta de Dios.

Cuando eso suceda, los cuerpos de los que han fallecido resucitarán para unirse con sus almas, y luego nosotros, los creyentes que aún estemos vivos, seremos transformados en un cuerpo glorificado como lo hizo el Señor. Los creyentes que sean resucitados y los que estén vivos al regreso de Cristo se encontrarán con el Señor en el aire y serán llevados al cielo (1 Tesalonicenses 4:13-18). Esto sucederá tan rápido como el tiempo que dura un parpadeo; la Biblia lo describe como «un abrir y cerrar de ojos» (1 Corintios 15:52).

Seremos inmensamente bendecidos cuando veamos a Cristo y nos reunamos con nuestros seres queridos que ya se nos han adelantado. La Biblia habla de que Jesús está preparando un lugar para nosotros, los creyentes, en el cielo, y promete regresar para llevarnos allí. Las pruebas de esta vida terminarán, y veremos que nuestros sufrimientos actuales no se comparan con la gloria que se revelará en nosotros.

Esta es la esperanza que tenemos y es una esperanza que no nos va a hacer quedar mal. La esperanza que se ve no es esperanza; porque si se ve, ya no es esperanza. Pero si esperamos algo sin verlo, entonces lo esperaremos con paciencia.

Sabemos que, si nuestro cuerpo físico se acaba al morir, tenemos en Dios un edificio, una casa no hecha de manos, un cuerpo eterno en los cielos. De hecho, mientras estamos en este cuerpo, deseamos y anhelamos ser revestidos con un cuerpo celestial (inmortal, eterno).

Mientras estamos en este cuerpo, a menudo sufrimos. No es que estemos deseando la muerte, sino que deseamos ser revestidos para que lo mortal de este cuerpo terrenal sea absorbido por la vida después de la resurrección. Y Dios, que nos creó, también nos preparó y nos dio como garantía el Espíritu Santo.

Por esta razón, estemos siempre de buen ánimo, porque nuestra esperanza es segura. Sabemos que, mientras estamos en el cuerpo, estamos ausentes del Señor; pues por fe andamos, no por vista. Por eso, vivamos nuestras vidas de una manera que sea consistente con las promesas de Dios (2 Corintios 5:1-7).

El Banco Conmemorativo de la Misericordia en el parque ofrece un lugar de descanso para quienes se debilitan en este caminar terrenal. Si te sientes cansado de llevar cargas pesadas, siempre encontrarás fuerza y paz en la misericordia de Dios.

Mercy Solís

Mercy es un tierno regalo que Dios nos dio,
vestida de lana con hilos de oro.
Es un canto suave y solemne,
como el de las palomas cuando amanece,
como río que brota del manantial y corre hacia el mar,
es como la voz de un ángel al cantar.

Es el abrazo suave de mamá,
el firme toque de la mano de papá,
es el rasgueo de la guitarra del hermano,
y el beso amoroso de los labios del otro hermano.
Eso es Mercy.

Es alguien a quien llegamos a amar,
alguien tan amable y dulce,
alguien a quien veremos otra vez
en su naturaleza alegre y amorosa.
Eso es quien ella es, quien ella ha sido y quien siempre será.
Ella es Mercy.

Por Anna Vielman

Mercy

Soy una muestra de lo que la misericordia de Dios puede hacer.

Salvó mi alma y mi cuerpo sanó.

Desde mi nacimiento el ataque llegó,

pero su bondad infinita mi destino transformó.

Su misericordia abrió camino donde no lo había.

Dio luz a mis ojos cuando todo era sombra.

Su poder fortaleció mis huesos

y me hizo andar y aun correr.

Ahora estoy completa en Él.

Su bondad y su misericordia me siguieron

todos los días de mi vida,

y en la casa de mi Señor habitaré por siempre.

Por Andrés Solís

www.ingramcontent.com/pod-product-compliance
Lightning Source LLC
Chambersburg PA
CBHW061702120626
46550CB00003B/1052